August Schmarsow

Zur Frage nach dem Malerischen, sein Grundbegriff und seine Entwicklung

August Schmarsow

Zur Frage nach dem Malerischen, sein Grundbegriff und seine Entwicklung

ISBN/EAN: 9783744665889

Hergestellt in Europa, USA, Kanada, Australien, Japan

Cover: Foto ©Thomas Meinert / pixelio.de

Weitere Bücher finden Sie auf **www.hansebooks.com**

AUGUST SCHMARSOW

BEITRÄGE ZUR AESTHETIK DER BILDENDEN KÜNSTE

I.

ZUR FRAGE

NACH DEM

MALERISCHEN

SEIN GRUNDBEGRIFF UND SEINE ENTWICKLUNG

VON

AUGUST SCHMARSOW

LEIPZIG

VERLAG VON S. HIRZEL

1896.

AUGUST SCHMARSOW

BEITRÄGE ZUR AESTHETIK DER BILDENDEN KÜNSTE

I.

ZUR FRAGE

NACH DEM

MALERISCHEN

SEIN GRUNDBEGRIFF UND SEINE ENTWICKLUNG

———⬦———

LEIPZIG

VERLAG VON S. HIRZEL

1896.

Die Frage nach dem Wesen des Malerischen hat in den letzten Jahrzehnten sich mehrfach hervorgedrängt, — fast immer, wo es eine neue Gelegenheit gab, unsere Auffassung der Kunst überhaupt zu vertiefen. Kunstforscher wie Künstler haben sich bemüht, eine befriedigende Antwort darauf zu finden. „Der Begriff des Malerischen gehört zu den wichtigsten, aber zugleich auch vieldeutigsten und unklarsten, mit denen die Kunstgeschichte arbeitet," — gesteht ein Vertreter dieser Wissenschaft. Und der Kritiker der Gegenwart, der sich ernstlich vornimmt, mit seinen Worten etwas Bestimmtes zu sagen, hat alle Tage mit diesem Ausdruck zu rechnen oder zu rechten. Ja, die ganze moderne Kunstempfindung als solche sucht ihren Unterschied von längst vergangenen Zeiten im Wesen des „Malerischen" zu fassen; sie glaubt in diesem allein, soweit sie noch bildender Kunst bedarf, sich unmittelbar und einigermafsen vollständig aussprechen zu können. Ein allerneuestes Streben möchte vielleicht auch diesen Standpunkt als über-

wundenen hinter sich lassen, ohne noch klar zu sein,
wem der Boden gehört, auf den es dann hinüber-
zutreten nicht umhin kann.

Ein moderner Künstler wie Max Klinger versucht es, vom heimischen Gebiete der Radierung
aus den Unterschied von Malerei und Zeichnung zu
ergründen und für eine neue Kunst, seine eigenste,
die „Griffelkunst“, das Recht der Selbständigkeit zu
erweisen.[1]) Der Kunsthistoriker Heinrich Wölfflin
kommt von der Betrachtung des Barockstiles, jener
modernen Architektur, deren unterscheidendes Merkmal man in ihrem „malerischen Charakter“ zu sehen
gewohnt war, zu der notwendigen Vorfrage, was
denn malerisch sei.[2]) Und selbst den Archäologen
erwuchs aus den Funden von Pergamon eine kritische Veranlassung, sich wenigstens mit dem „malerischen Relief“ zu befassen, so dass hervorragende Gelehrte, wie Heinrich von Brunn und Alexander Conze,
einander gegenübertraten, bis Guido Hauck von
anderer Seite sein Bedenken dazwischen warf, ob
nicht empfindliche Begriffsverwirrung bei ihnen walte.[3])

1) M. Klinger, Malerei und Zeichnung. 1891. — 2. Aufl.
Leipzig 1895.

2) H. Wölfflin, Renaissance und Barock, eine Untersuchung
über Wesen und Entstehung des Barockstiles in Italien. München
1888. S. 15 ff.

3) A. Conze, Über das Relief der Griechen, Sitzungsberichte
der königl. preuss. Akad. der Wissenschaften zu Berlin. 1882. —
H. von Brunn, Jahrbuch der königl. preuss. Kunstsammlungen V.
(1884). — Guido Hauck, Die Grenzen zwischen Malerei und Plastik
und die Gesetze des Reliefs, in den Preussischen Jahrbüchern 1885.
Vgl. Herm. Lücke in den Grenzboten 1885, September.

Vor kurzem hat wieder ein ausübender Künstler, Adolf Hildebrand, „das Problem der Form in der bildenden Kunst"[1]) dem Nachdenken von einer Seite gezeigt, die jene Frage nach dem Unterschied des Malerischen erst recht erneuern muss. So mag es denn auch hier versucht werden, eine Verständigung zu erleichtern, die dringend gefordert wird. Geschehe dies auch nur mit den einfachen Grundbegriffen, die ein Lehrer der Kunstwissenschaft seinen Schülern in einer Einleitung zu bieten gewohnt ist, die über das ganze Reich der bildenden Künste orientieren will.[2]) Vielleicht gelingt es, die Auffassung der Historiker mit dem Bekenntnis der Künstler selbst wenigstens so weit zu vermitteln, wie der weitere Kreis aller Kunstverständigen sich's wünschen darf. Dabei kann es freilich nicht vermieden werden, die eigensten Überzeugungen einmal ausdrücklich mit den Ansichten Andrer — auseinander zu setzen. Eine Stärkung des bewussten Zusammenhanges in gemeinsamer Arbeit für alle Beteiligten wäre das schönste Ziel, das dabei winken mag, und solch ein Preis ist schon des Ringens wert.

---

1) Strassburg 1893.

2) Kundige Leser haben diese Anschauungen freilich längst aus meinen Schriften herauslesen können, wo immer bestimmte Unterscheidung eintreten musste: vgl. z. B. Donatello 1886. S. 18. 46 ff. 54. S. Martin von Lucca 1890. S. 154 ff. Meine Hörer kennen sie seit Anbeginn meiner akademischen Lehrtätigkeit im Zusammenhang einer allgemeinen Kunstlehre.

KONTROVERSE

Wie es eine malerische Architektur giebt, so giebt es eine malerische Plastik," sagt Wölfflin; „die Malerei unterscheidet in ihrer Geschichte selbst eine malerische Periode." Da wäre der Punkt gewesen, sogleich weiterzufragen: und was bedeutet „malerisch"? „Einfach ist es zunächst zu sagen: malerisch sei das, was ein Bild abgebe, was ohne weitere Zutat ein Vorwurf für den Maler sei." Aber es wird uns nicht gesagt, was hier unter Bild verstanden werden soll. Was ist der Vorwurf des Malers? — drängen wir weiter, — und zwar auch ohne sonstige Zutat, nämlich ohne die specifische malerische Behandlungsweise, die in der Geschichte der Malerei mit einer gewissen Periode erst zum Durchbruch kommt. Um zu wissen, wie die Kunst der Malerei, von der wir alle reden, noch wieder besonders malerisch werden könne, müssen wir zuvor über das Wesen der Malerei selbst Rechenschaft erhalten. Richtiger war es also, zu sagen: malerisch sei zunächst das Eigenschaftswort zum Hauptwort Malerei, es könne somit in erster Linie nur das Eigentümliche dieser Kunst selber bezeichnen. So weit war denn auch Guido Hauck schon gelangt, der in seiner Studie „die Bezeichnung malerisch stets in der enger begränzten Bedeutung verstehen will, insofern sie sich auf das der Malerei Eigentümliche, zur Plastik Gegensätzliche bezieht".

Wenn wir von einer malerischen Periode in der
Geschichte der Malerei reden, so handelt es sich
eben bereits um zwei verschiedene Begriffe:
Der erste muss das eigenste Wesen der Malerei
als Kunst erfassen. Und diese Begriffsbestimmung
wird sich nur innerhalb der Reihe der übrigen Künste
ergeben, d. h. durch Unterscheidung der besonderen
Betätigung dieser Kunst von denen ihrer Nachbarinnen, nicht der Plastik allein. Erschöpfend und
sicher gewinnen wir sie nur im Zusammenhang mit
dem ganzen System der Künste.

Zweitens bezeichnet das Beiwort „malerisch"
eine Steigerung in diesem nämlichen Sinne. Es
wird dort am Platze sein, wo die Malerei, ihres besonderen Wesens inne geworden, nur ihr Eigenstes
will und dies mit Bewusstsein herauskehrt. Sie
lernt diesen Wert erst allmählich in seiner ganzen
Tiefe und seinem ganzen Reichtum, nach seinem
innersten Gehalt und seiner höchsten Bedeutung
würdigen, ohne zugleich in die Betätigung der
Nachbarinnen überzugreifen oder gar einen Wettstreit
mit dem besten Können dieser Schwesterkünste zu
versuchen.

Eine dritte Bedeutung ergiebt sich dann 'im
Anschluss an die erste, eine vierte im Anschluss an
die zweite. Auf den Grundbegriff der Malerei als
Kunst verweisen wir da, wo wir im Ernst von male-
rischer Architektur oder malerischer Plastik [reden.
Das Beiwort erscheint hier wie ein Widerspruch zum
Hauptwort. dem es sich gesellt. Es hebt den stren-
gen Begriff der Plastik, der Architektur auf, und sagt

aus, dass sie sich der Malerei nähern, auf die besondere Domäne dieser anderen Kunst übertreten oder Anwandlungen des gleichen Strebens erkennen lassen. Die vierte Bedeutung steckt in anderen Verbindungen, wie etwa „der malerische Stil", den wir eben schon durch verschiedene Künste hindurch verfolgen, — oder „malerische Lichteffekte", die an einem Bauwerk ebenso erscheinen können, wie an einem Bildwerk und ebenso in der freien Natur, d. h. also auch im Vorwurf des Malers, wie endlich in seinem Werk, dem Gemälde. Aber in diesem letzteren ist die malerische Wirkung immer vom Künstler hervorgebracht, während wir beim Bauwerk und Bildwerk im Freien ebenso wie in einer landschaftlichen Gegend unterscheiden müssen, wie weit die Beleuchtung, das Licht der Sonne, des Mondes, diese malerischen Effekte hervorbringt, oder wie weit die festen Formen selbst dieser Wirkung entgegenkommen, wie weit endlich der Bildner, der Baumeister geradezu mit ihnen gerechnet hat.

Für die letzten drei Bedeutungen ergiebt sich immer nur ein relativer Wert des Wortes. Hier passt Wölfflins Bemerkung, dass von einem ausschliessenden Gegensatz niemals die Rede sein kann. Für den ersten Grundbegriff dagegen können wir dies nicht zugestehen. Wo das bestimmte Wesen der Malerei als Kunst bezeichnet wird, da muss die Bedeutung des Wortes absolut sein, so dass das Wesen der Schwesterkünste, der Plastik, der Architektur, ja der Poesie u. s. w. als ausschliessender Gegensatz sich darstellt.

Wie weit diese logische Scheidung auch der inneren Natur der Künste selbst entspricht, ist eine andere Frage. Es wird darauf ankommen, den wirklichen Sachverhalt zu prüfen. Zwischen den Sondergebieten dieser Schwestern chinesische Mauern aufzurichten, sind wir nicht gesonnen. Wir sehen vielmehr einen Fortschritt der modernen Ästhetik gegenüber der verstandesmässigen des achtzehnten Jahrhunderts gerade darin, dass es uns nicht um saubere Scheidung der Gränzen allein zu tun ist, deren Überschreitung vom Kunstrichter untersagt werden müsste, sondern um genetisches Verständnis der Entwickelung, um einen Einblick in das innere Leben und natürliche Wachstum der Kunst. Es befriedigt uns nicht sowol eine Art Linnéschen Systems als vielmehr die historische Auffassung, die — wie Goethes „Metamorphose der Pflanzen", wie Darwins „Entstehung der Arten" — zugleich das Werden in organischem Zusammenhang und vielleicht Gesetze geschichtlicher Wandlungen erschliessen dürfte.[1]

Wer aber das Gesetz erkennen will, darf strenge Begriffsbestimmungen nicht scheuen. Erst auf Grund einer klaren, völlig durchgearbeiteten Unterscheidung ist es möglich, zu dem Standpunkt genetischer Auffassung emporzusteigen, wo sich dem Auge des Historikers wie des Systematikers ein innerer Entwickelungsprozess offenbart, der sich — am Ende mit Notwendigkeit — so vollziehen muss. Erst mit

---

1) In diesem Sinne habe ich mich in der kleinen Schrift „Die Kunstgeschichte an unseren Hochschulen", Berlin 1891, S. 67 und S. 73 erklärt.

Hilfe scharfer Terminologie in diesen Kernfragen
wird auch eine sichere Charakteristik des Mannichfaltigen gelingen und eine einhellige Beurteilung der
geschichtlichen, nach dieser oder jener Seite ab-
weichenden Erscheinungen.

Mehr oder weniger willkürliche Verwendungen
eines Wortes, die der Sprachgebrauch sich überall
erlaubt, dürfen freilich ausser Betracht bleiben, oder
wenigstens vorläufig, solange bis wir die Mittel gewonnen haben, ihr Recht oder Unrecht darzutun.
So hier die Bezeichnung „malerisch" in Beispielen
wie: malerischer Reichtum, malerische Unordnung,
malerische Gegend, oder gar „der Schmutz ist
malerisch".

In diese Kategorie von Bezeichnungen gehört meines Erachtens auch Wölfflins Dogma: „das Malerische
gründet sich auf den Eindruck der Bewegung." — Er
wirft sich selber ein, man könne fragen, warum das
Bewegte gerade malerisch sei oder warum gerade die
Malerei allein zum Ausdruck des Bewegten bestimmt
sein solle? — und sagt sehr richtig, die Antwort müsse
„offenbar dem eigentümlichen Kunstwesen der Malerei
entnommen werden". Nur tut er selber nicht nach
dieser Vorschrift, sondern lässt sich leider von der
„Bewegung" fortreissen. Eine vorgefasste Meinung
wirft sich ganz willkürlich, aus einem Beispiel heraus
(wie Architektur malerisch erscheinen könne), zwischen
die sachliche Verfolgung des Begriffes, nach dem
wir fragen, und die Erörterung geht logisch in die
Brüche oder verzettelt das greifbare Ergebnis.

Die Malerei ist gewiss, wie Wölfflin sagt, von Hause aus nur in der Lage, „durch den Schein zu wirken; sie besitzt keine körperliche Wahrheit". — Wenn es dann aber weiter heisst: „Es stehen ihr Mittel zur Verfügung, den Eindruck der Bewegung wiederzugeben, wie keiner andern Kunst," so ist damit höchstens eine relativ grössere Machtvollkommenheit, den Eindruck der Bewegung zu erzeugen, ausgesprochen. Und zwar im Vergleich mit den anderen Künsten. Und wiederum doch nur mit den „bildenden", — von der Poesie oder der Musik ganz zu schweigen! Indes tatsächlich spielt andrerseits der „Eindruck der Bewegung" auch in den übrigen Künsten räumlicher Anschauung seine Rolle, so in der Plastik, so selbst in der Architektur, besonders wenn man diese wie Wölfflin auffasst, oder Schopenhauers Einfall[1]) zu einer dramatischen Aufführung von Naturkräften durchverfolgt, die freilich eine astronomische Schaubühne grossartiger veranstalten könnte als die monumentalste Baukunst. Da kann kein ausschliessender Gegensatz gefunden werden; das lehrt Lessings „Laokoon" wenigstens für Poesie, Malerei und Plastik bereits zur Genüge.

Von der Architektur ausgehend ist immer schon ein Stufengang durch die Künste der räumlichen Anschauungsform zu denen der zeitlichen hinüber beobachtet worden. Der Zuwachs an Bewegung

---

1) „Eigentlich ist der Kampf zwischen Schwere und Starrheit der alleinige ästhetische Stoff der schönen Architektur." Der Welt als Vorstellung II, das Objekt der Kunst.

mag ein Gliederungsprincip im System der Künste
abgeben. Eine wesentliche Unterscheidung der Malerei von den anderen Schwestern kann sich aber
auf den „Eindruck der Bewegung" allein schon deshalb nicht gründen, weil dieser Unterschied immer
nur Verhältniswert bleibt.

In der Tat verliert auch Wölfflin die Malerei
als eigene Kunst aus den Augen und geht, statt
ihrem Wesen, nur noch dem „malerischen Stile"
nach, d. h. einer einzelnen Erscheinung aus ihrer
Geschichte. Ja, diese selbst wird nicht allgemein
genommen, etwa als Entdeckung des Malerischen in der Malerei durchgeführt, sondern nur
beschränkt auf den Zeitraum, mit dem sich die
Untersuchung über Renaissance und Barock beschäftigt. „Der Übergang aus einer vorwiegend
zeichnerischen Manier zum malerischen Stil vollzieht
sich in der italienischen Kunst auf der Höhe der
Renaissance." „An verschiedenen Orten," heisst es;
aber als Beispiel wird auch hier Rafael hingestellt.
An die Stanza dell' Eliodoro (1512—1514) hatte
schon Springer jenen Wandel des Stils angeknüpft
und Andere vor ihm, aber immer im „Leben Rafaels",
d. h. im Gang des Einzelnen, nicht für die Geschichte
der Malerei als Kunst oder der bildenden Künste
im ganzen.

Wenn es sich nur um Italien handelt, fragen
wir, wo nicht nach Lionardo und Giorgione, zur selben
Zeit, — doch nach Masaccio und Piero de' Franceschi
vor ihnen; wenn wir weiter hinausblicken, nach den
Brüdern van Eyck und Hugo van der Goes in den

Niederlanden. — Haben sie nichts beigetragen zur
Entdeckung des Malerischen? — Der Name Rembrandt fällt nur in einer Anmerkung; aber da stellt
· sich auch sofort die wichtige Unterscheidung ein, die
für den malerischen Stil eines Rafael wenigstens
durchaus zutrifft: „Die Italiener bleiben ihrer plastischen Natur auch hier treu, man hält sich im wesentlichen an bewegte G e s t a l t e n , — nicht an die unbestimmte Bewegung des Luft- und Lichtlebens, worin
Rembrandt so gross ist." Da ist ausgesprochen,
worauf ich ziele. Diese beiden Gegensätze schon,
Rafael und Rembrandt, oder Masaccio und van Eyck,
italienische und germanische Auffassung müssen zugleich eingehen in den Begriff des Malerischen, den
wir suchen. Die „grossen und einfachen Lichteffekte" der Italiener, das „unsicher Flimmernde, das
die Holländer zu geben lieben", gehören den Perioden hoher Vollendung an; aber unser Begriff muss
auch für die Anfänge gelten, für die Antike so gut
wie für die Moderne, d. h. für alle Zeiten, wo wir
die Malerei als eigene Kunst auftreten sehen. Ja,
noch mehr, die Anerkennung ihrer Selbständigkeit
wird sich eben auf diesen Begriff gründen müssen;
ihre Existenzberechtigung neben den anderen Künsten
muss darin beschlossen sein, auch wenn sie zum Voll-
besitz ihrer Mittel, wie zum Vollbewusstsein ihrer
eigensten Natur erst allmählich hindurchdringt.

Darauf muss auch die Frage: „Was ist ein Bild?"
Antwort geben, wenn damit das Werk der Malerei
oder der Vorwurf des Malers im engeren Sinne bezeichnet werden soll.

DIE REIHE DER KÜNSTE

Solange wir im Umkreis der Künste räumlicher Anschauung allein verharren, kann die Eigenart einer jeden nur im Bereich dieses Gemeinsamen, d. h. der räumlichen Anschauung selber bestimmt werden. Im bleibenden Besitz dieser unsrer dreidimensionalen Anschauungsform muss der Anteil einer jeden dieser Schwestern beschlossen sein, wie eine Mitgift aus dem Erbe des Hauses. Mit diesem Pfunde, das jede ins Leben mit hinausnimmt, mag sie wuchern nach Mafsgabe der besonderen Eigenschaften, die ihm inne wohnen. Vielleicht ist es möglich, Architektur, Plastik, Malerei schon danach zu unterscheiden. Erst von dem Gegenstand kämen wir dann auf das Verfahren, in dem jede wieder ihre eigene ursprüngliche Organisation bewähren mag, und fragten nach dem Unterschied ihres Charakters von dem der übrigen. Jedenfalls aber wird durch solche Bestätigung der eigensten Kräfte einer jeden auf ihrem Gebiete in fortschreitender Entwicklung ein Zuwachs der lebendigen Raumanschauung selber gewonnen, das heisst die neuen Errungenschaften einer jeden mögen weiterwirken ins gemeinsame Haus zurück und auch den Schwestern ferner zu gute kommen. Der beharrende Besitz wird bewegliches Vermögen, und die dreidimensionale Auffassung der Welt zu einer folgerichtigen Ausarbeitung, zu einer weiter und weiter um sich greifenden Eroberung, zu einer schöpferischen Ausgestaltung durch die Künste des Menschengeistes selber.

Die ganze Reihe der Künste mag uns wie ein Planetensystem vorkommen, das in gesetzmässigen Abständen sich ordnet, dessen innere Körper in kürzeren Bahnen und schnellerem Tempo kreisen, während nach aussen die Bewegung langsamer, die Bahnen weiter, die Massen schwerfälliger werden, so dass der Schein der ruhigen Beharrung immer zunimmt. Bewegung und Beharrung wären dann die beiden Tendenzen, die einander polarisieren, — Faktoren jedenfalls, die im Spiegelbilde der Welt, das die Kunst erschafft, ebenso herrschen müssen, wie in dem Urbild, das wir Wirklichkeit nennen. Da suchen wir gewiss die Baukunst auf seiten der Beharrung, — und zwar nicht sowol ihres Materiales wegen, das sie dauerhafter und monumentaler wählt, je mehr sie sich ihres inneren Wesens bewusst geworden, sondern vielmehr dieses eigensten Charakters wegen, den sie im Inhalt wie in der Form ihrer Schöpfungen offenbart. Ihre Gedanken beschäftigen sich überall mit den Grundlagen des menschlichen Daseins, sie richten sich auf das Bleibende der menschlichen Kulturarbeit und suchen das Bestehende in feste Formen zu fassen. Diese Formen selbst sind nicht die des vergänglichen Lebens organischer Geschöpfe, sondern die gesetzmässigen Gebilde der unorganischen Materie, des beharrlichen Untergrundes unserer Existenz, des Erdbodens, auf dem wir stehen und gehen, bis hinauf zu den Idealformen unseres mathematischen Denkens, in denen wir die Grundgesetze der Wirklichkeit anzuschauen und verstehen lernen; es sind jene regelmässigen Körper, Flächen,

Linien, mit denen wir, von einem festen Punkte —
unserem Standpunkte oder Gesichtspunkte — aus,
den Bestand der Welt selber zu konstituieren glauben.

Die Architektur ist in ihrem eigensten Wesen
Raumgestalterin. Die Tragweite dieser Erkenntnis wird nicht sogleich erfasst, obgleich sie oder
eben weil sie so naturgemäss einfach lautet und so
selbstverständlich klar scheint, als sage sie dem
Unbefangenen gar nichts Neues. Darin liegt ein
beträchtlicher Vorzug dieser Auffassung vor anderen,
die ihr heute fast überall entgegenstehen und so
festgewurzelt scheinen, dass die Mehrzahl selbst der
Fachmänner nicht recht ermisst, was die Betonung
des Raumgebildes im Bauwerk bedeuten will.

Versuchen wir denn das Schwergewicht dieser
Behauptung mit etwas handgreiflicher Wucht in die
Wagschale des Raumes zu werfen, so schnellt die
andere, der Gestaltung, notwendig in die Höhe.
Und der Schein, als werde diese zu leicht befunden,
mag zunächst etwas unliebsam wirken. Unsere heutige Lehre der Architektur haftet ja gerade an der
Formbildung, an der Ausgestaltung der Einzelglieder
und an der konstruktiven Rechnung mit dem Ma-
teriale; sie bleibt daran oft so lange und fast
ausschliesslich hängen, als ob sich wirklich ein archi-
tektonisches Kunstwerk aus lauter tektonischen Bestandteilen zusammenschieben liesse, ohne Sinn und
Verstand für das Ganze, das werden soll. Schon
Aristoteles aber lehrt die echt künstlerische Wahrheit: „Das Ganze ist vor den Teilen da."

Das Ausgehen von der Säulenordnung des griechischen Tempels oder von der Gewölbekonstruktion der gotischen Kathedrale, oder, wenn's hoch kommt, von der Kleinkunst aller Zeiten, aus der man sogar das Ganze der Baustile „in ihrem Wesen zu konstruieren" sich vermafs,[1] — es ist zu einem verhängnisvollen Vorurteil gediehen, als sei ein anderer Weg, wol gar vom entgegengesetzten Ende her, gar nicht möglich. Es ist freilich leichter, das materielle Gebilde und seine äusseren Einzelformen zu fassen, als den Raum und sein inneres Bildungsgesetz. Wo wir Versteinerungen einer längst vergangenen und entfremdeten Kultur begreifen wollen, wo wir uns abmühen, sie allmählich wieder dem lebendigen Verständnis zu erschliessen, da mag es unvermeidlich sein, von aussen nach innen vorzudringen. Aber das schöpferische Bestreben der Gegenwart wird nie ursprünglich quellen, wenn es zum selben Gang gezwungen, durch künstliches Pumpenwerk hindurch muss. Wir fangen die Grammatik einer toten Sprache mit der Formenlehre an und schreiten dann zur Syntax vor; aber jenseits beider liegt erst die Hauptsache, das Denken in dieser Ausdrucksweise, der Zweck, der alle diese Mittel sich erfand. Bei einer lebenden Sprache, bei der eigenen Muttersprache gar, scheint es eine unerträgliche Zwangsjacke, der nämlichen Schulmethode zu folgen eine Qual. Wer immer Eigenes zu sagen hat, der fühlt es von innen sprudeln wie von selbst.

---

[1] Semper, Der Stil in den technischen und tektonischen Künsten II, 333 (Rokoko).

Der Stil eines echten Schriftstellers wird vom Inhalt
erzeugt, der Gedanke schon trägt seine charakteristische Gebärde an sich, — und so in jedem anderen Stil, selbst der Baukunst in der starren Materie,
mit all ihrer Regelmässigkeit und Abstraktion.
Die Raumbildung ist das stilbildende Princip
der Architektur zu allen Zeiten und nicht die Formbildung im einzelnen oder die Behandlung des Materiales im kleinen. Wenn Wölfflin noch wieder, in
voller Abhängigkeit vom Einfluss Gottfried Sempers,
behauptet: „Die Geburtsstätte eines neues Stiles liegt
stets in der Dekoration", [1]) — so halte ich das für
eine sehr verfängliche Verwechselung mit der ersten
Gelegenheit des Forschers zu symptomatischer Beobachtung und Diagnose eines Umschwungs. Die
„Erneuerung" findet nicht von hier aus statt, sondern die Dekoration bietet dem neuen Formgefühl
nur den leichtesten Angriffspunkt. Die schöpferische
Gestaltung vollzieht sich von innen her, und das
Raumgefühl, der Baugedanke sind die leitenden
Principien, nicht der Ziergeschmack und der Formen-
sinn im einzelnen. Im historischen Vollzuge freilich
geht oft die Reformation der Revolution voraus, in
der Baukunst vollends, weil der Raumwandel sich
schwerer vollzieht als der Dekorationswechsel.
Die Definition der Architektur „als Kunst körperlicher Massen" bleibt eben beim Material und seiner
Formation stehen, statt zur Idee vorzudringen, oder
zur Vorstellung der Einbildungskraft, wo die Trieb-

---

1) A. a. O. S. 64. Vgl. Prolegomena S. 50.

feder gesucht werden muss. Die Auffassung Wölfflins [1]) hält an der Jakob Burckhardts fest, der alle
Baustile in „organische" und „abgeleitete" scheidet, [2])
als ob die künstlerische Tätigkeit des Architekten
erst mit der Ausbildung und Verwertung der Bauglieder einsetze, während wir dagegen uns klar zu
halten suchen, dass das erste und letzte Anliegen
aller Baustile, die gemeinsame Wurzel aller Baukunst
in der Raumbildung zu suchen ist.

Der Historiker schon wird gegen solche Ein-
teilung ein starkes Bedenken erheben, wenn er hört,
dass es im ganzen Verlauf der Geschichte, die wir
kennen, nur zwei organische Stile gegeben haben
soll, den griechischen und den gotischen, und dass
diese immer nur einen Haupttypus, den „oblongen
rechtwinkligen Peripteraltempel" dort, die „mehr-
schiffige Kathedrale mit Fronttürmen" hier, besitzen.
Die Kategorie der „abgeleiteten" Stile überwiegt in
befremdlicher Zahl, indem der „byzantinische, romanische und italienisch-gotische", aber auch der spät-
römische, die italienische Renaissance und sicher
der Barockstil dahin gerechnet werden, von früheren
und späteren Bauweisen gar nicht zu reden.

Für den Kunstforscher steigert sich das Be-
denken vollends, wenn diese abgeleiteten Stile zu
„Raumstilen" werden, also auch ein beträchtliches
Übergewicht in der Hauptsache der ganzen Ent-

---

1) A. a. O. S. 63 ff.
2) Geschichte der Renaissance in Italien § 32. 3. Aufl. S. 46.
Vgl. § 61, S. 114.
Schmarsow, Das Malerische. 2

wickelung für sich in Anspruch nehmen. Dies Übergewicht muss das Einteilungsprincip Burckhardts, wo
nicht durchaus zu Falle bringen, doch sicher zu
sekundärer Bedeutung erniedrigen, zumal wenn auch
über den Sinn des Begriffes „organisch" sich ein
Zwiespalt herausstellt.

Schon Gottfried Semper protestiert dagegen,
dass dieser Ausdruck im selben Sinn, wie auf den
griechischen Stil oder die Antike überhaupt, auch
auf die Gotik Anwendung finde. „Die Gotiker
nennen," sagt er, „alles organisch, was struktive
Folgerichtigkeit zeigt."[1]) Er verlangt also, gleich
gut ob von derselben Vorliebe für Antike und Renaissance wie Burckhardt oder von erklärter Ab-
neigung gegen das gotische System geleitet, sachlich
mit vollstem Recht eine strengere Unterscheidung
zwischen „Organisation" und „Konstruktion". Damit
ist schon der Punkt aufgewiesen, wo der Vergleich
des Bauwerks mit dem Organismus überhaupt erst
einzusetzen pflegt, ganz abgesehen davon, ob es
der letzte ist. bis zu dem die organische Auffassung
des Raumgebildes vorzudringen vermöchte.

Fassen wir dagegen die Architektur als Raumgestalterin, so rückt alles, was sich auf Gestaltung
im einzelnen bezieht, in zweite Linie, und eben damit
halten wir den Weg frei für eine unbefangene Würdi-
gung aller Baustile, mögen sie zur organischen
Durchbildung der Bauglieder, zu einer konstruktiven

1) Der Stil in den technischen und tektonischen Künsten II,
§ 153 und 160. (2. Aufl. München 1879. S. 333 und 313.)

Notwendigkeit aller Verhältnisse hindurchdringen
oder nicht. Die Schöpfung eines „organischen Stils"
hängt ja, wie Burckhardt erklärt, „von hoher Anlage
und hohem Glück" zugleich ab, „namentlich von
einem bestimmten Grade unbefangener Naivetät und
frischer Naturnähe", und unter anderen historischen
Bedingungen mag sich die gleiche, vielleicht gar die
grössere Schöpferkraft den anderen und umfassen-
deren Aufgaben der Raumkunst zuwenden, die „ein
organischer Stil innerhalb seiner Gesetze gar nicht
würde lösen können". Es fragt sich, ob es in der
Auffassung des „Organismus" nicht auch verschiedene Stufen giebt, ob nicht gerade darin ein tief-
gründiger Fortschritt vom Ideal der Antike, das uns
die Verehrer des griechischen Tempelstils gepriesen,
zum Ideal des Mittelalters, das uns die Verfechter des
gotischen Systems erschlossen, und von da zum Ideal
der Renaissance etwa, oder des modernen Menschen
gar beobachtet werden könne. Wenn die Geburt
eines solchen Stiles nun nicht so sehr von Glück
und Gunst des Schicksals, als von den innersten
Mächten der Kultur, der Weltanschauung und Natur-
erkenntnis, von den tiefsten Geheimnissen des Men-
schenherzens bedingt würde?

Es kann doch dem Scharfblick einer vorurteils-
freien Forschung, welche die Gleichberechtigung
aller Perioden vor ihrem Auge anerkennt, nicht ver-
borgen bleiben, dass die künstlerische Ausgestaltung
des Bauwerkes im Sinne der „Organisation" ein
menschliches Princip ist, das dem starren stereometrischen Raumgebilde aus unorganischer Materie

2*

zunächst fremd gegenübersteht. Die unerbittliche
Gesetzlichkeit der regelmässigen Formen, die einer
räumlichen Umschliessung, etwa nach dem Schema
einer Halbkugel, einer Pyramide, eines Würfels, den
Charakter des Beständigen im Wechsel da draussen
verleiht, die übersichtliche Klarheit, Einheit, Notwendigkeit der Wandung gegenüber dem fortreissenden
Strom des Geschehens um uns her, — sie legen
den Vergleich mit dem unfehlbaren, dem menschlichen Gefühl so fremden Gesetz der „Krystallisation" näher als irgend eine Analogie mit den Erfahrungen unseres lebenswarmen Leibes. Jede
Regung eines solchen Anempfindens geht vom eigenen Körpergefühl aus, das ist wol unläugbar und
mittlerweile gemeinsame Voraussetzung aller psychologischen Ästhetik; aber es sollte auch nicht ver-
kannt werden, dass wir damit sofort zur Auffassung
der Schwesterkunst, der Plastik, übergehen, die kurz-
weg als „Körperbildnerin" bezeichnet werden darf.

Unter ihren Gesichtspunkt fällt schon das Raumgebilde, wenn wir das Ganze von aussen als Körper
im allgemeinen Raum oder vielmehr auf unserer
Erdoberfläche betrachten. Aber dieses Ding da,
das nach allen Seiten abgeschlossen und ringsum
ablehnend vor uns stehen mag, verdankt sein Dasein
zunächst dem eigenen Bildungsgesetz und sein Bestehen für sich den allgemeinen Bedingungen der
Wirklichkeit, den Gesetzen der Natur, und zwar den
räumlichen der unorganischen, denen auch der
Mensch als aufrecht stehender Körper gehorcht, ganz

abgesehen von dem Leben in seinem Innern. Der
Bau bleibt, je monumentaler seine Ausführung, desto
starrer, dem Felsblock ähnlich uns gegenüber, ein
Fremdes ausser uns. Seine Höhe ist es, die zuerst
unseren Vergleich mit der eigenen herausfordert;
die senkrechte Axe, die wir der unsrigen parallel
dort hineinlegen, ist die erste Tat unserer Einbildungskraft und eröffnet durch die Vorstellung zugleich unserer Anempfindung den Weg in jenes
andere Ding hinüber. Von dieser gedachten Mittelaxe in jenem Körper aus wird durch weitere Ver-
gleiche mit der eigenen Erfahrung der Unterschied
des stereometrischen Gebildes von uns gefunden,
aber auch die Möglichkeit erprobt, die Ausdehnung
und Umgränzung des Körpers nachempfindend an
uns selber durchzumachen. Übereinstimmung und
Verschiedenheit sind der Inhalt eines neuen Erleb-
nisses. Hier scheiden sich die Gebiete, die Lebens-
sphären der beiden Künste, der reinen Architektur
und der reinen Plastik. Je mehr sich die Ähnlichkeit
mit organischen Geschöpfen gleich uns herausstellt,
je mehr sich die Erscheinung der Teile nach Art
unserer Glieder sondert und doch den Zusammenhang erhält, desto unzweifelhafter regen sich die
Erinnerungsbilder aus den Tiefen des Tastgefühls,
die Bewegungsvorstellungen, mit ihrem Bezug auf
artikulierte Gebärden oder geschlossene Haltung
unseres lebendigen Leibes.[1] Wo dagegen Aus-

1) Ich setze die Bekanntschaft mit den berühmten Ausführungen
Lotzes (besonders im Mikrokosmos II, 201 ff.) wie mit R. Vischers

dehnung und Umgränzung des Baukörpers diese
Verwandtschaft nicht aufweist, sondern die gewohnten Organgefühle unseres Leibes oder ihre Ergeb-
nisse in unserer Vorstellung eher befremdet, da
wirken diese Tatsachen der Erfahrung gerade überzeugend für Anerkennung dieses Fremden ausser
uns. Es ist die starre Gesetzmässigkeit, die kalt
und scharf zu Tage tritt, die Härte und Undurch-
dringlichkeit, die unser Anempfinden ablehnt, aber
vor allen Dingen, schon für das Auge allein, die
Regelmässigkeit der Form, die all unseren Eindrücken von organischen Wesen gleich uns und
dem Wachstum der Tiere, der Pflanzen widerspricht.
Gerade diese Zeugen beharrlichen Daseins stärken
uns den Glauben an ihr festes Bestehen; es sind
die konstitutiven Merkmale des Objektiven, die hier
ästhetisch verwertet werden.

Es ist also eine Verirrung der ästhetischen
Lehre, wenn sie, den Grad von Belebung übertrei-
bend, die Analogien unserer Körpergefühle überall
sucht und dieses objektiven Widerhaltes vergisst.
Für die Anhänger dieser Auffassung geht ein grosser
wichtiger Bestandteil der Architektur als Kunst verloren oder verschiebt sich dermafsen unter den Gesichtspunkt der Plastik, dass beide Kunstgattungen

Schriftchen „Das optische Formgefühl“, Stuttgart 1873 und J. Vol-
kelts „Symbolbegriff in der neueren Ästhetik“, Jena 1876, ebenso
voraus, wie die Erträgnisse der physiologischen und psychologischen
Untersuchungen, für die ich nur auf Wundt, Physiologische Psycho-
logie, Aubert, Physiologische Studien über die Orientierung, Vier-
ordt, Über Stehen und Gehen u. s. w. verweisen will.

unversehens ineinander laufen. Ich sehe in dieser
Einseitigkeit, wie gesagt, nur das Weiterwirken des
plastischen Ideales, das in der ganzen Kunstbetrach-
tung vorherrscht, die von der Antike herkommend
ihren Mafsstab für alle Baukunst nur vom hellenischen Tempel entlehnt. Statt mit dem Auge des
Historikers das charakteristische Merkmal dieser ge-
schichtlich doch durchaus bedingten Architekturform
in dem vorwiegend plastischen Wesen, in der deut-
lichen Bevorzugung des Aussenbaues zu erkennen,
überträgt diese Theorie die hier gewonnenen Grund-
sätze auf alle folgenden Erscheinungen, denen sie
damit unmöglich gerecht werden kann. Am natürlichsten erscheint noch die Übertragung des antiken
Ideals auf die „Renaissance‟, wenn man darunter,
wie anerkannten Forschern immer noch begegnet,[1])
eine Nachahmung der Antike versteht; aber auch
hier vermag sie weder der eigenen Schöpferkraft dieser
Zeit noch dem Erbteil des Mittelalters beizukommen,
das alle Anschauungen des Quattrocento mitbestimmt
und selbst zur höchsten Vollendung, der Hochrenaissance, seinen unveräusserlichen Beitrag liefert.

Ohne den Wert einer vollkommenen Einheitlichkeit formaler Durchbildung geringer zu schätzen,
kann bei uns dieser Vorzug der „organischen Stile‟
Burckhardts doch erst für die zweite oder dritte
Instanz der Beurteilung in Betracht kommen, und
der Ausgangspunkt für die Charakteristik aller Ent-

---

[1]) Vgl. Dehio, Romanische Renaissance, Jahrbuch der königl.
preuss. Kunstsammlungen 1886.

wickelungsphasen der Architektur bleibt der Kern
ihres Wesens als Raumkunst.

Die tektonischen Einzelformen bleiben, solange
diese Kunst sich selber nicht vergisst, in einem
Grade der Abstraktheit, der die menschliche Ver-
traulichkeit ablehnt. Nur bevorzugte Stellen, Gelenk-
verbindungen sozusagen, erhalten, auch im strengen
„organischen" Stil die lebendigere Kunstform, wie
das Kapitell, die Konsole u. s. w. Aber alle diese
Ansätze organischer Belebung vermeiden es, durch
ebenso deutliche Negation, zum vollen Vergleich
mit organischen Geschöpfen herauszufordern, an die
Vergänglichkeit und Wandelbarkeit der Lebewesen
zu erinnern. Die Bauglieder, diese tragenden und
getragenen Teile, befinden sich auf einer Zwischen-
stufe zwischen unorganischer Krystallisation oder
statisch-mechanischer Konstruktion auf der einen
und menschlich verständlicher Organisation auf der
anderen Seite.

Dort, wo die Gestaltung körperlicher Masse den
Gesetzen der unorganischen Materie folgt, liegt das
Gebiet der Tektonik, die den höheren Zwecken der
Baukunst dient; hier, wo die Nachahmung vegeta-
bilischer, tierischer, menschlicher Formen oder aus-
drucksvoller Bewegungen sich einstellt, ist das Gebiet
der Plastik.

Die Körperbildnerin unter den Künsten
des Menschen hat es zunächst mit Darstellung organischer Körper zu tun; denn die Betätigung in
irgend welchem bildsamen Stoff geht am unmittel-

barsten vom Menschen selber aus, wird von seinen
angeborenen Werkzeugen, den feinfühligen Händen,
vollbracht und bleibt in stetiger Gemeinschaft mit
den Tastempfindungen, Muskelzuständen und Nerven-
vibrationen der eigenen Glieder. Aber nicht allein
die Beteiligung der natürlichen Organe übt ihren
Einfluss auf das Entstehende, sondern die Tastgefühle
und Bewegungsvorstellungen, alle Erfahrungen der
eigenen Körperlichkeit spiegeln sich auch in dem Ergebnis der wunderbaren Tätigkeit, dem plastischen
Gebilde. Formen, deren inneres Leben uns vertraut
ist, Glieder, deren Lage und Bewegung verständlich
zu uns spricht, ganze Geschöpfe, deren Bau und
Wachstum wir ohne weiteres wie mit eigenem Getast
durchdringen, unser Ebenbild oder Unseresgleichen
sind die Hervorbringungen, auf die schon der ur-
anfänglich dunkle Drang dieser menschlichen Gabe
hinaus will. So steht die Plastik recht eigentlich im
Mittelpunkt der Künste räumlicher Anschauung, wie
ihr Gegenbild auf der anderen Hemisphäre der Kunst-
welt, — die Mimik, ebenso als Ausgangspunkt aller
ausdrucksvollen Betätigung sich darstellt. Diese
ruhelose Schwester hat es überall nur auf die Kom-
plementärwirkungen abgesehen, die in zeitlichem Ablauf sich vollziehen können; sie bedarf fast nur des
beweglichen Apparates und vermag die Grundzüge
der Gebärdensprache schon mit dem Skelett allein
zu erreichen, wenn nur Gelenkigkeit und Spannkraft
hinzutreten. Wie die dunkelfarbigen Völker sich
zu nächtlichen Tänzen mit weissen Strichen auf
Rumpf und Gliedern hervorheben, wie im Schatten-

spiel die dunklen Gestalten sich auf hellem Grunde
bewegen, — am wirksamsten, wenn sie schlank und
dürr, wie ägyptische Figuren, die Wirbelsäule mit
dem Kopfe darauf und den Hebelarmen daran möglichst ungehindert zur Geltung bringen, so genügt
der einfache Kontrast von Hell und Dunkel, um die
Lage dieser geraden Linien zu einander und die
Winkelstellung der Bewegungen vorzuführen. Ihr
unentbehrlichstes Mittel sind die ausgreifenden Ver-
änderungen dieses Apparates in seiner Profilansicht,
die typischen Kennzeichen der Beziehung, der Betätigung, des Handelns und Verkehres, sei es des
Einzelnen mit der unbezeichneten Umgebung, der
Welt umher, oder einer Mehrzahl von Personen in
Gemeinschaft, im Gegensatz, in dramatischem Widerspiel. Wenn ein Bildhauer wie David d'Angers
behauptet: „Le profil c'est l'homme", so bekennt er
damit, dass er den Charakter als Urquell aller Äusserungen zu fassen sucht; denn das Profil giebt den
Bezug nach aussen. Die Energie der Bewegungslinie,
in scharfer Silhouette festgehalten, wirkt charakte-
ristisch, wie ein Namenszug, eine moderne Hiero-
glyphe.

Jede weitere Modellierung der Formen, jedes
Mitwirken naturgemässer Farben vermindert die Intensität des Eindrucks, die unmittelbar den Lauf der
Vorstellungen bestimmen will. Deshalb lässt die
Mimik in schneller Folge ein Runenzeichen das
andere drängen, und die Gebärde der Tätigkeit
ist ihr wirksamster Ausdruck. wie das Tätigkeitswort
in der Erzählung des Epikers.

Gerade das Gegenteil waltet im plastischen Kunstwerk, wenn wir, von modernen Tendenzen absehend, sein Wesen und seinen Ursprung zu fassen suchen. Nicht auf dem Knochengerüst als solchem beruht es, sondern auf der Rundung der Glieder wie des Rumpfes, also auf dem Eindruck der vollen Form. Ob das Innere leer geblieben, wie im Bronzeguss, ob es massiv aus. toter Materie besteht, wie im Marmorbild, die tatsächliche Struktur des Gerüstes bleibt ausser Betracht, so sehr es die stillschweigende Voraussetzung ihres Denkens, die natürliche Unterlage all ihres Dichtens bedeutet. Die Oberfläche der Gestalt, die ruhig sichtbare und tastbare, ist alles; — auf ihre körperbildenden Eigenschaften für unsere Sinne kommt es an, auf eine klare, sichere Bewährung des Daseins nach allen Seiten.

Ihre Seele ist das Selbstgefühl, wie das Raumgefühl die Seele der Architektur. Aber wie es sich in dieser um ein ganz Konkretes handelt, um volle Bewährung nach allen Seiten, nicht um ein Sehnen und Schweben nach einer Richtung, so verduftet auch das plastische Empfinden nicht in vage Schwärmerei oder schwindet nicht zusammen in Abstraktion, in der das Ich nur als Punkt, als letzte gedachte Einheit des Bewusstseins noch übrig bleibt, sondern das Selbstgefühl ist innig verquickt mit dem Körpergefühl, und all seine Träume sind weich gebettet in Dehnung und Fülle des eigenen Leibes.

Ein Rückblick auf die starren tektonischen Gebilde im Dienste der Baukunst belehrt am besten über den Wertunterschied zwischen dem Knochen-

gerüst, dem struktiv notwendigen Bestandteil hier
und der vollen Form des wolgenährten Leibes, der
gesunden Erfüllung jedes Gliedes, der jugendfrischen
Schwellung dort. Wir brauchen nur bei jenen beiden
Baustilen, die man als „organische" anerkennt, beim
griechischen dort, beim gotischen hier, zu fragen,
was „organisch" besagen will. Der Eindruck des
hellenischen Baugliedes, der Säule vor allen, hängt
an der plastischen Rundung, der harmonischen
Ganzheit, der mafsvollen Betätigung des Gewächses,
das über seine Geschlossenheit nicht hinaustritt zu
irgendwelcher einseitiger Inanspruchnahme. Wir versetzen unseren ganzen Körper als Einheit vom Kopfe
bis zu den Füssen in die Säule, suchen ein Analogon
unseres gesamten Leibes in ihr, ein Einzelwesen als
Ganzes. Der Eindruck des gotischen „Dienstes"
oder der „Rippe", die ihn fortsetzt, bis zum Höhepunkt,
wo mehrere Glieder zusammengreifen, wird wesent-
lich bestimmt durch die mimische Streckung,
die einseitige Anspannung der Kraft, die alles Übrige
zusammenrafft zu einem Aufwand in Einer Richtung,
in der allein doch nicht das Ganze, sondern ein Teil,
(die Hälfte unter einem Spitzbogen, ein Viertel unter
einem Gewölbejoch) geleistet werden kann. Wir
finden uns überall hinausgewiesen über das Einzelne,
und nicht auf ruhigen Zusammenhalt wie in der
Säulenreihe mit ihrem Gebälk, sondern auf weiter-
gehendes Streben, als wäre der gotische Gliederbau
ein Ineinandergreifen von lauter Extremitäten oder
Hebelarmen an senkrechtem Rückgrat mit geschlossenen Standbeinen darunter. In beiden Fällen voll-

endet die Skulptur den Schein organischen Lebens
in ganz verschiedenem Sinne. Im antiken Bau das
befriedigte Dasein in den Schranken klarer Gesetzlichkeit, nach dem Herzen statuarischer Kunst; im
mittelalterlichen die Arbeitsteilung in angestrengtem
Gebaren, zum Vollzug eines gemeinsamen Willens,
der Selbstentäusserung im Dienste eines höheren
Zieles.

Und ebenso die zugehörige Bildnerei: die gotische opfert einen beträchtlichen Teil der Körper-
fülle, beschränkt die organische Form auf dürftige
Magerkeit, um die Energie des Ausdrucks, die Ein-
dringlichkeit der Gebärde zu steigern; aber mit jedem
Schritt in dieser Richtung nähert sie sich dem Wesen
der Mimik und verliert an plastischer Wirkung, soviel
sie an geistigem Leben gewinnt. Mit der ausladenden
Bewegung wächst die Abhängigkeit vom weiteren
Zusammenhang, so dass auch die einzelne Figur nur
in Gemeinschaft mit anderen ein Ganzes bildet. Der
hellenischen Statue dagegen scheint die Betonung
ihrer Selbständigkeit das vornehmste Anliegen; dessen Befriedigung wird mit Mitteln versucht, die im
Zwischenreich Tektonik vorbereitet, auch von der
Baukunst verwertet werden. Basis und Postament
warnen einzeln oder gemeinsam, je nachdem es
nötig wird, vor jeder Verwechselung des Standbildes
mit den Dingen des Tageslaufes. Aus dem Durchschnittsmafs steigt die Gestalt auf ein freieres Niveau,
wo die dunklen Mächte des Geschehens, die uns
alle mit sich fortreissen, schonend zurückweichen,
wo des Leibes Notdurft und Nahrung sich aufhebt

zu Gunsten bleibender Bedeutung. Auch darin geht
die Plastik noch Hand in Hand mit der Architektur,
dass sie in dauerhaftem Material ihr Gebilde vor
schneller Veränderung schützt, den Bestand sichert,
ja durch Geschlossenheit die Angriffspunkte des Ver-
derbens mindert. So meidet sie wol geflissentlich
wie jene Schwester die allzu treue Wiedergabe organischen Lebens, die Spuren des Stoffwechsels und
der Auflösung, der alle Geschöpfe der Wirklichkeit
unterliegen.

Freilich, wo die Wärme des Lebens weicht, wo
uns die überzeugende Berührung mit dem Fleisch
von unserem Fleisch versagt wird, da müssen andere
Wahrzeichen leibhaftigen Daseins, verwandter Organisation desto stärker sich geltend machen. Damit
der Zweifel an der Gemeinsamkeit des Wesens nicht
aufkomme und befremdend jede Annäherung störe,
bedarf das Bildwerk schon für den ersten Anblick
eines Reizes, der als unverkennbare Äusserung inneren Lebens unsere Vorstellung in den Umkreis
organischen Daseins lockt. Es ist das „Motiv", das
unmittelbar verständlich, sofort die Bewegungsvorstellung in uns selber weckt und als Körpergefühl
durch alle Glieder zittert, — sein Anblick das wirk-
samste Mittel, die Beziehung zwischen dem menschlichen Subjekt hier unten und dem körperlichen
Abbild droben herzustellen. Diese Wirkung eines
Impulses von innen her, von jenem Mittelpunkt, den
wir alle spüren und im Zusammenhange wissen mit
den äussersten Spitzen unseres Leibes, ist für den
Bildner etwas Selbstverständliches, weil es der Im-

puls für sein eigenes Schaffen war, für den Beschauer
etwas Notwendiges, weil es den Impuls für seine
Teilnahme erst geben soll. Die Stärke des Motivs
und seine eindringliche Kraft können sehr verschieden
sein; es wäre ein schweres Missverständnis, wenn
man meinte, wir forderten hier bestimmte Tätigkeit oder gar ausgreifende Handlung und vergässen
die lange Stufenleiter, die von dramatischer Intensität,
vom gewaltsamen Hervorbrechen der Erregung hin-
unter führt in die Gründe organischen Lebens, harmonischen Daseins, zu jenen sanften Regungen rein
vegetativen Zusammenhangs, der aus griechischen
Meisterwerken wie der Hauch einer Pflanzenseele
zu atmen scheint. Aber die entscheidende Klarheit
über Verhältnis und Abstand der Gliedmafsen von
der Vertikalaxe des Organismus, in der wir sofort
die Einheit zu suchen gewohnt sind, — sie ist wichtiger für den Glauben an das Gebilde von Menschenhand als die Vollständigkeit des körperlichen Ganzen
selbst. Und diese Entfaltung vom Mittelpunkt, vom
Sitz des Lebens aus, erfassen wir im Motiv. Mit
dem Verständnis der einheitlichen Bewegung, die
vom Centrum ausgeht, unserem Blick also entgegen-
dringt, vollzieht sich die Anerkennung von Unseresgleichen eher, als wir noch Zeit haben, nach dem Vorhandensein aller Körperteile oder der Gleichberechtigung der räumlichen Ausdehnungen zu fragen.[1])

---

1) Ich betone dies absichtlich im Hinblick auf die leicht miss-
verstandenen Ausführungen Adolf Hildebrands, Das Problem der
Form. Kap. IV und V.

Die Lebensäusserung, auf die das Auge des ankommenden Beschauers stösst, ruft in diesem sofort Erinnerungsbilder auf, die das Wahrzeichen da zum eigenen Erlebnis ergänzen. Sie bezieht sich auf so viel Erfahrungen unserer Tastregion, dass die leibliche Unterlage als notwendige Voraussetzung, als gewohnter Schauplatz des Vollzuges sich von selber hinzufindet, selbst ohne wirklich dazusein, und erst allmählich verlangt das Auge, bei erneutem Verfahren, die Bewährung der vollen Körperform.

Erst nun freilich, wo mit diesen Gesichtseindrücken sich jene Tastgefühle verbinden, erwächst der plastische Genuss im eigentlichen Sinne. Und unmittelbar nach jener blitzschnellen Auffassung des Motivs als Äusserung eines organischen Lebewesens leitet sich die Erscheinung aus der Möglichkeit mimischen Verlaufes entscheidend über in den Gesichtskreis der plastischen Beharrung: die Körperbildnerin unter den Künsten tritt in ihr volles Recht.

Und sollte man meinen, das Verfahren, das wir soeben verfolgt, sei erst in Zeiten bewusster Meisterschaft möglich, gehöre also nur den Werken einer hoch entwickelten Bildnerkunst an, so dürfen wir einerseits daran erinnern, dass die ästhetische Theorie, die heute gelten will, sich gewiss nur auf diese Höhepunkte des Schaffens zu berufen braucht, dürfen aber andererseits auch dem Verlangen nach genetischer Erklärung die befriedigende Auskunft geben, dass die primitive Plastik schon instinktiv für die Hauptsache, die wir betonen, mit einer Sicherheit sorgt, die nur den denkenden Künstler von heute in Er-

staunen setzt. Die Mittelaxe des Körpers, beim
Menschen das Höhenlot mit seinem Kopf darauf,
wird als Dominante so entschieden hervorgedrängt,
dass über die Lebensaxe des Geschöpfes kein Zweifel
walten kann. Mögen die Arme der Gestalt noch
so leblos anliegen, die Beine noch so gerade dastehen, ohne die Knice voneinander zu lösen, mag
die Figur sitzen oder stehen, aufrecht ist sie, und
dazu gehört fühlbare Haltung, Kraft, Willen, Leben,
und der Kopf darauf vollendet das Symbol zu un-
fehlbarer Wirkung.

Da gelangen wir zurück zu dem Ausgangspunkt,
wo die plastische Gestalt und die tektonische Form,
die beiden Erzeugnisse der Körperbildnerin, sich
schieden. Die starre Gesetzmäfsigkeit der Bildung,
das Fernhalten aller Spuren vergänglichen Stoffwechsels, alles Erlahmens und Erneuerns der Kraft,
denen organische Geschöpfe in Wirklichkeit unterliegen, — sie sichern dem körperlichen Ding da den
Charakter festen Bestandes, dem wir vertrauen wie
dem Boden unter unsern Füssen oder dem ragen-
den Fels an unserm Wege. Das Standbild teilt
mit dem Pfosten die aufrechte Haltung; aber die
Säule wird zur Bildsäule durch die letzte Loslösung
ihres Kopfes aus dem tektonischen Zusammenhang,
durch Betonung und Bekrönung dieser Wahrzeichen
für ein Individuum, — für das organische Geschöpf,
und das aufrechte Wesen des Menschen, der sich
selber hinstellt, wo er will.

Und stellen wir diese plastische Tätigkeit, unter
dem gemeinsamen Gesichtspunkt der Körperbildung

auf der einen Seite, nun der Architektur als Raumgestaltung auf der andern Seite gegenüber, so lässt
sich wol der ursprüngliche Anteil jeder der beiden
Schwestern an der gemeinsamen Anschauungsform
bestimmen, indem wir sagen, die Wurzel der plastischen Darstellung liege im Höhenlot, die der archi-
tektonischen Schöpfung dagegen in der Tiefenaxe.
Jede Raumentfaltung vom menschlichen Subjekt aus
bewegt sich am notwendigsten und natürlichsten zunächst auf der Bahn unseres Vorwärtsgehens, Vor-
wärtssehens und des vermittelnden Hantierens mit
den ebenso vorwärts pendelnden Armen. Jede
Körperbildung durch Menschenhand legt dagegen
die Erfahrungen des eigenen Leibes zu Grunde und
findet in der aufrechten Axe unseres menschlichen
Baues ihren natürlichen Halt, bewegt sich also zunächst in der ersten Dimension, wie die Raumgestaltung in der dritten. Wie wäre es, wenn der
übrigbleibenden dritten Schwesterkunst, der Malerei,
als ursprünglichste Gabe nun die Breitendimension
zugefallen wäre, auf dass auch sie damit wuchere
nach ihren Kräften?[1])

1) Doch sei daran erinnert: „Die reine aprioristische und ebenso
die konkrete Vorstellung des Raumes involviert die Annahme einer
Ausdehnung nach allen Dimensionen; die Reduktion derselben auf
drei ist eine reine Abstraktion unsres Verstandes. Diese Abstraktion steht in keiner direkten Beziehung zu der Wahrnehmung des
Räumlichen und scheint ihren Ausgangspunkt von den Beobach-
tungen über den Fall der Körper im Raume oder über die Wir-
kungen der Schwere zu nehmen. Es ist sonst gar keine Veranlassung zu finden, wodurch wir bewogen werden können, die Ver-

Ohne Zweifel, betrachten wir die menschlichen
Künste für die dreidimensionale Raumanschauung
vom Standpunkt des Homo sapiens und sehen in
ihnen, wie in jeder Äusserung des Menschengeistes,
eine Auseinandersetzung mit der Welt, in die wir
gestellt sind, so rückt die Plastik in den Mittelpunkt,
übernimmt, als Körperbildnerin nach dem Ebenbilde
des Menschen selbst, die Dominante unseres eignen
Leibes, die stets auch die Mittelaxe unserer anschaulichen Auseinandersetzung mit der Welt abgeben wird. Ist doch, wie man uns sagt, unsre
leibliche Organisation die Form, unter der wir alles
Körperliche auffassen. Die Plastik jedenfalls beruht
auf unserm Körpergefühl. Nicht so die Architektur. Sie geht über Körperbildung weit hinaus und
kann deshalb nicht damit auskommen, nur auf den
Menschen als körperliches Wesen Bezug zu nehmen.
Sie übernimmt die weitere Auseinandersetzung mit
der Welt um uns her und wird ebenso stark bedingt
von der geistigen Organisation. Sie verwirklicht
die Raumanschauung des Menschen, und zwar nach
Mafsgabe der Idealvorstellungen, die wir aus unsern sinnlichen Erfahrungen herausarbeiten, indem
wir der innern Nötigung unsrer Anlage folgen.
Sie führt von unklaren und deshalb unbefriedigen-
den Anfängen zur vollen Eroberung der dritten Dimension, zu einer Leistung des eignen Vermögens,
deren Gewinn uns gerade die Architektur in voller

Klarheit und Gesetzlichkeit wieder zu Sinnen führt.
Raumgefühl und Raumgestaltung dringen vom Menschen aus in die Unendlichkeit vor, mag die architektonische Phantasie zuletzt auch nur Luftschlösser
bauen, in denen sie alle Möglichkeiten der Raumgesetze erschöpft gleich der Raumwissenschaft, Mathematik.

Vielleicht ist diese Erweiterung des menschlichen Gesichtskreises in ihrer ausgesprochenen Richtung und Konsequenz erst möglich, wenn eine
Erweiterung über den eignen engen Standpunkt des
Einzelwesens voraus oder nebenher gegangen. Bevor unser Blick in die Ferne schweift und die Weite
durchdringt, liegt in der Nähe noch ein Gewinn bequem vor unsren Füssen, greifbar für unsre Hände
da. Im Tastraum selber bietet sich Gelegenheit
genug, die Breite zu erfassen. Aber für die
schöpferische Auseinandersetzung des Menschen mit
der Welt liegt erst da Veranlassung vor, die zweite
Dimension weiter auszubeuten, wo sie über die
Körperbildung selber hinausstrebt, d. h. jenseits des
Tastraumes: — für das Auge.

Gestaltet die Architektur den Raum, die Plastik den Körper, so bleibt der dritten Schwester
Malerei nur das Nebeneinander der Körper im Raum
übrig, und damit in erster Linie die Verfolgung der
zweiten Dimension. Sie vereinigt also die beiden
Bestandteile unsrer Welt, die von den andern beiden
Künsten je einzeln behandelt werden, nun aber lediglich für das Auge, d. h. indem sie Körper und Raum
wie in einem Spiegel auffängt, — oder richtiger

zugleich und anspruchsloser gesagt, wie es auch bescheidenen Anfängen dieser neuen Kunst entspricht —, indem sie sie auf einer Fläche zur Erscheinung bringt. Sie unternimmt darin keinen Wettstreit mit den Schwesterkünsten, schmälert nicht deren angeborene Rechte; denn sie lässt das Tastgefühl, die Grundlage alles plastischen Schaffens, ebenso aus dem Spiel wie die Ortsbewegung, den Urquell aller Hauptmotive der Architektur, und begnügt sich vollends mit dem Augenschein. Die Projektion auf die Fläche, und zwar von Körpern mit samt dem umgebenden Raume, das ist ihr Gegenstand, das Ziel ihres Strebens, ihr Beitrag zur anschaulichen Auseinandersetzung des Menschen mit der Welt: — das Bild.

Diese Zusammenfassung von Raum und Körpern zur Einheit wird zunächst nur möglich, indem sie auf einen Teil der vollen Wirklichkeit beider verzichtet, nämlich auf die dritte Dimension. Die Erweiterung geht also auch hier vom menschlichen Subjekt aus und behält als unentbehrlichen Bestandteil des eignen Ich unsre erste Dimension bei. Das Höhenlot im eignen Körper ergiebt den Ausgangspunkt für alles Hinausgehen über uns selbst, also auch für die Eroberung der zweiten Dimension, und für die einfachste Verbindung der beiden Ausdehnungen, die Fläche. Die Breite selbst ist zunächst Diremtion vom innern Fixierpunkt aus, nach den Seiten. Solange diese Erfahrungen in der dunkeln Region unsres Tastraumes bleiben, wachsen auch dem schöpferischen Gestaltungstrieb nur

Anregungen zu, die wieder durch Tastwerkzeuge in die Wirklichkeit des Tastraumes übergeführt werden können, den Drang nach Verkörperung auslösen. Erst wo das sehende Auge hinzutritt und den Gesichtskreis über die nächste Umgebung unsres Leibes erweitert, verlässt auch die künstlerische Betätigung die greifbaren Gränzen der Tastregion und damit den eigensten Boden der Plastik. Wo das konvergierende Sehen aufhört, um zunächst die Körperhaftigkeit jedes Gegenstandes zu konstatieren, und die Augenaxen sich der Parallelstellung nähern, also auf weitere Entfernungen einstellen, — da breitet sich das Sehfeld aus, wie eine Fläche, in die sich Augenschein der Körper und Augenschein des Raumes strecken, nach den zwei Ausdehnungen nur, die die Fläche bietet. Erst allmählich entdeckt das Augenpaar wie mit feinsten Fühlfäden auch im flächenhaften Schein die Anweisungen auf die dritte Dimension und folgt dem Anreiz, die Vorstellung auch nach der Tiefe zu vollziehen. Mit dem Sehfeld, — auf der Gränze zwischen unsrer Tastregion und der fremden Aussenwelt, — ist der Wirkungskreis der Malerei gefunden. Ein zweidimensionaler Auszug aus Körpern und Raum ist auch das erste Ergebnis ihrer Tätigkeit; erst allmählich stellt sich auch bei ihr die Anwandlung ein, die dritte Dimension zu ertäuschen; Verkürzung und Linearperspektive, Modellierung und Luftperspektive werden die mühsam erworbenen Darstellungsmittel in dieser Richtung, erst lange nachdem der Gegenstand der Malerei als eigner Kunst schon sicher ergriffen war.

DIE ENTDECKUNG DES MALERISCHEN

Weiss nicht das alte liebe Märchen von der Entstehung der Malerkunst, soviel auch Kunstgelehrte seiner spotten, recht wol, warum es sich handelt? Wenn ein Mädchen das Bild des Geliebten zu bannen sucht, das die Sonne gegen die Wand geworfen, so erfasst es mit voller Seele, worauf es ankommt. Der Schatten giebt den Schein des Körpers, die helle Fläche bedeutet den Raum, der ihn beherbergt. Aber wenn die Sonne weicht, so hilft kein Flehen; sie muss zum Augenblicke sagen: „Verweile doch, du bist so schön!" — Die liebende Hand, im Wasserkrug befeuchtet, netzt den Schatten. Sieh, er bleibt; er malt sich dunkler auf dem Kalk der Mauer. Aber dies Abbild ist noch zu vergänglich; der neidische Lufthauch liebkost es ungesehen und trägt es fort. — Oder war es die Wand, die eifersüchtige selber, die es aufgesogen? — Beide gar machen sich's streitig und zeigen noch grausam ein Zerrbild vor den Augen des Mädchens. Am nächsten Abend fährt die erfinderische Hand schon mit dem feinen Nagel des Fingers um den Rand des Schattens, die Oberfläche nur leise zu ritzen. So bleibt der Umriss wenigstens der dunklen Silhouette stehen. Aber wie matt ist die Form, wenn der Schatten entflieht; wie gierig bemächtigt sich auch seiner die Dämmerung!

Zwei wichtige Anfänge sind damit für die Kunst
der Malerei gewonnen: das Aquarell dort, die Zeichnung hier. Ja, mit dem Umriss, den die scharfe
Spitze des Nagels zu ritzen versucht, den eine Scherbe,
ein Kiesel, ein Pfriemen gar und vollends ein Messer
schon weitaus vervollkommnen würden, — mit diesem
zarten Streifen am Rande ist die Gränze zwischen
Malerei und Plastik gezogen! — so wenigstens
meinten wir alle, die das Relief zur Plastik rechnen.
Wird die scharfe Spitze benutzt, den Umriss zu verstärken, die Furche auszutiefen, so dass sie über
die Oberfläche hinaus den Ansatz andrer Flächen
in der Tiefenrichtung beginnt, da ist auch über
den Anfang der Körperbildung kein Zweifel. Wird
andrerseits vom Umriss ausgehend nach dem Innern
dieser Form abrundend weitergearbeitet, so dass
die Gestalt sich aus dem Grunde herauszumodel-
lieren beginnt, da lässt die Hilfe des Tageslichts
vollends keine Verwechselung mehr mit ebenflächiger
Abbildung zu.

Auch das Relief giebt, wie die Malerei, Körper
und Raum zugleich. Es behandelt also den selben
Gegenstand, wird man sagen, den wir der Malerei
zugewiesen glaubten. Aber es versucht diese Aufgabe
noch ganz mit den Mitteln der Plastik, d. h. als Sache
der Körperbildnerin zu lösen. Die Reliefkunst gehört
also in ein Zwischenreich zwischen Malerei und
Skulptur, wie die tektonische Körperbildung — der
Bauglieder z. B. — ein solches zwischen Skulptur
und Architektur erfüllt. Ebendeshalb kann aber
die kritische Beleuchtung auch dieser Mittelregion

erst Erfolg versprechen, wenn vorher das Wesen
beider Nachbarinnen im Innersten erfasst ward. Wir
folgen somit, vor jedem Versuch die Gränzen der
Malerei und der Reliefskulptur genauer zu bestimmen,
dem eignen Wege der erstern weiter.[1])
Wird statt des farblosen Stiftes irgend ein ab-
färbender, eine Kohle, ein Stück Kreide oder gar
der Pinsel mit farbiger Flüssigkeit statt des reinen
Wassers vorher, genommen, — so bedeutet das
ebenso viele Fortschritte auf dem Boden der Malerei.
Hier Bemühungen des Pinsels, dort des Griffels, aber
zu dem gleichen Behufe: mit irgend einem Unter-
scheidungsmittel für das Auge die Gegenstände der
Aussenwelt auf der Fläche zur Erscheinung zu bringen,
so dass ein Bild des Nebeneinander der Dinge im
Raum entstehe. Erst die Ausbeutung eines Gegen-
satzes wie Hell und Dunkel giebt die Unterscheidung
selbständig genug. Wir mögen, wo sie mit trockenen
Pigmenten arbeitet, eher von Zeichnung zu reden
geneigt sein, wo aber ein flüssiger Farbstoff auf-
getragen wird, die Malerei im engern Sinne suchen;
— viel wichtiger ist in diesem Stadium der Anfänge
der Unterschied zwischen dem Umriss und der Silhouette. Die letztere, der Schattenriss, ist gewöhnlich
eine dunkle Fläche, die auf einer helleren sich ab-
gränzt, — mag auch gelegentlich die Umkehrung
versucht werden. Die Ausfüllung mit einem gleich-

---

1) Auf anderm Wege, nämlich von der Natur der Darstellungsmittel aus, versucht diese Gränzbestimmungen Guido Hauck in
den Preussischen Jahrbüchern 1885, Juliheft. Wir kommen bei
andrer Gelegenheit in diesen Beiträgen darauf zurück.

artigen Ton enthält für unsere Empfindung einen volle-
ren Abklatsch des Dinges, einen sinnlicheren Auszug
des Körpers, das den Schatten hergab, so dass wir ihm
mehr von der Realität des Kopfes, der Menschenhand
oder gar des ganzen Geschöpfes beimessen. Der
Schatten eines Baumes bürgt uns mehr für die Wirklichkeit als sein Umriss. Der letztere, die Gränze
dieses Schattens allein, ist schon eine weit gediehene
Abstraktion, die sich von dem leibhaftigen Ding fast
wie ein Begriff von der lebendigen Anschauung unterscheidet. Welch ein Aufwand frischer Einbildungskraft tritt beim vollen Erfassen solcher Abbreviatur
der Erscheinung schnell und unbewusst in Vollzug,
sobald die Verbindung des Umrissbildes mit dem
Vorrat der Erinnerungsbilder einmal angeknüpft ist! ·
Ein Schritt weiter im gewohnten Gebrauch, und wir
sind bei Hieroglyphen, bei Bilderschrift und Systemen
vereinbarter Zeichen für die Mitteilung mannichfachen
Inhalts angekommen, — d. h. auf einem Abwege,
der uns vom Anliegen der Kunst, die wir verstehen
möchten, weit entfernt. Die Fläche wird dann nur
Mittel zum Zweck, verliert ganz ihre eigentliche
Natur und ihre ursprüngliche Bedeutung als zwei-
dimensionale Raumform. Wo aber nicht geschrieben,
sondern gezeichnet oder gemalt, d. h. abgebildet
wird, da ist die Bildfläche stets Vertreterin des Raumes,
in dem die Dinge sind, die sich auf ihr abbilden, —
und diene sie auch nur als Schattenfänger. Sie bedeutet, wie wir vorher von der hellen Mauer mit
dem Profil des Geliebten gesagt haben, mindestens
das Raumvolumen, das den Körper umgiebt, von

dem der Schatten herrührt, und dessen Umriss sie aufnimmt. — Ja, sie bedeutet schon in dieser natürlichen Projektion noch ein gutes Stück mehr, das dem Abstand der Lichtquelle hinter dem schattenden Körper Rechnung trägt. Durch mein offenes Fenster sehe ich eine weisse Mauer; die Sonne scheint dagegen und wirft den Schatten eines Orangenbäumchens auf die helle Fläche: das schlanke Gezweig durchkreuzt sich mannichfach zwischen dem Stamme in der Mitte und dem Blätterkleid darüber; die einzelnen Blätter selbst malen sich in mancherlei Stellung: überall deutliche Anweisungen auf die räumliche Erstreckung innerhalb des Gesamtvolumens, das der Schattenriss erfüllt. Und doch liegt der Gegenstand nicht auf der Mauer, sondern die helle Fläche scheint noch Luft zu haben, jenseits der letzten Blätterspitzen und äussersten Schattenmassen. Nicht ganz so leicht überzeugt man sich von der Raumwirkung, wenn nur der Schatten eines Kopfes, im Profil etwa, auf die Fläche fällt; aber eine abstehende Haarlocke, halb durchleuchtet, trägt viel zur körperlichen Auffassung und zum Postulat des Raumvolumens bei. Und eine Silhouette daneben, aus grauem Papier geschnitten auf die Mauer geklebt, macht sofort den Unterschied deutlich.

Da ist der reine Umriss im Vorzug vor dem ausgetuschten. Aber er muss auch Rechenschaft geben über jede Einzelform, überall die Gränzen der Teile aufsuchen und umschreiben, eine Bestimmtheit des Besonderen durchführen, die der natürliche Schatten gar nicht aufweist und die wir von diesem

auch gar nicht verlangen, weil die Abstufungen des
Dunkels in breiteren Massen und die Schärfe des
Kontrastes in vereinzelten Bestandteilen zugleich,
über die Nähe dieser und die Ferne jener Auskunft geben.

Beim linearen Abbilde haftet das Interesse immer
noch an der Körperform; es geht von der plastischen
Auffassung, der Gestalt für sich aus, und nur der
Zwang der Projektion auf die Fläche, die Nötigung,
alle Symptome der dritten Dimension auf die beiden
andern zurückzuführen, enthält dann für den Betrachter wieder den Anreiz, das flächenhafte Bild in
die volle Rundung der Körper zurückzuübersetzen.
Vom Körpervolumen aus vollzieht sich auch die Auffassung des Raumvolumens, in dem sie sich erstrecken.

Beim Helldunkelverfahren, — denn das ist jenes
Nebeneinandersetzen stärker oder schwächer getönter
Teilflächen auf die einheitliche Bildfläche — werden
dagegen zuerst Raumwerte geschaffen, gleichgut, ob
sich aus diesem Nebeneinander von hellen und
dunkeln Flächenteilen nun Körperformen oder Raum-
formen für unsre Vorstellung zusammensetzen. Hier
ist eigentlich die dritte Dimension die Leitungsbahn,
auf der sich der Zusammenhang und die Absonde-
rung vollzieht, und die Bestandteile aus den beiden
andern Ausdehnungen krystallisieren sich gleichsam
um diese Distanzfäden in der Tiefenerstreckung. Da
diese selbst aber auf der Farbenfläche nicht vor-
handen ist, kann nur die Abstufung von Hell und
Dunkel, also die Reihe der Intensitätsgrade, den Anreiz zum Vollzug der Tiefenbewegung enthalten, die

wiederum als Beitrag des Subjekts erst hinzu-
kommt. In beiden Fällen bildet tatsächlich die Fläche
selbst die Einheit, in welcher Körperschein und
Raumschein zum Bilde zusammengehen. Und auf
die Einheit gerade kommt es der Malerei an, je
klarer sie sich des eignen Wesens bewusst wird
und des Unterschieds von ihren Schwestern.
Der Gegensatz von Hell und Dunkel zur Unterscheidung, durch Pinsel oder Griffel auf die Fläche
gebracht, ist nur Herstellungsmittel. Wir können
also bei der Wesensbestimmung der Malerei als
Kunst vorerst ganz ohne Farbigkeit auskommen.
Wir stehen hierin auf demselben Standpunkt mit
Guido Hauck und Heinrich Wölfflin, und im Widerspruch mit allen denen, die malerisch mit farbig verwechseln, oder gar die Nachahmung der natürlichen
Farbigkeit als angeborene und ausschliessliche Aufgabe der Malerei betrachten.

DIE METAMORPHOSE DES BILDES

Sehr deutlich macht sich der veränderliche Wert
der Fläche fühlbar, wenn wir die Buchmalerei des
Mittelalters nach ihren verschiedenen Bestandteilen
betrachten. Breitet sich auf der einen Seite vielleicht Initialornamentik mit ihrem Geriemsel und
Schreiberschnörkeln aus, auf der andern Seite gegenüber die Erzählung einer Parabel oder die Ver-
anschaulichung eines Psalms in mehreren Streifen,
so macht sich bei horizontaler Lage des Buches auf

einem Tisch der Unterschied zwischen dem Raum-
wert der gleichen Fläche sehr stark bemerkbar. Die
Darstellung in drei Parallelstreifen mit wenigen Figuren auf noch so neutralem Hintergrund zwingt
uns, sie aufrecht zu denken, wie die Personen auf
einer Grundlinie hingestellt erscheinen. Die Übertragung des Bildes aus der gewohnten Anschauungs-
weise, die für senkrechte Wandflächen sich am besten
eignet, fällt gerade dem Laien als seltsame Freiheit
auf, während der Gelehrte, der immer mit Büchern
hantiert, so grundlegende Tatsachen völlig über-
sehen lernt. Das Geriemsel mag sich auf horizontaler Fläche ausbreiten, im Buch wie auf der Tisch-
platte selbst; der Schauplatz für menschliche Figuren
muss wenigstens die Hauptbedingungen unsres gewohnten Grundes und Bodens voraussetzen, — ich
sage absichtlich nicht — erfüllen. Stellen wir den
Codex halb aufrecht auf ein Lesepult, so gleichen
sich schon die Widersprüche zwischen beiden bemalten Seiten aus, wie in einer mittleren Proportio-
nale, zwischen Ornamentik dort und Historien hier.
Da ergiebt sich für die drei Reihen der letztern
Seite sogar ein Vorzug gegen das starre Aufrecht-
stehen einer gleichen Wandmalerei: das unerbittliche
Übereinander der Streifen löst sich, neigt sich zur
Verwandlung in ein Hintereinander, wie die Fläche
sich schräg zu uns stellt; unsre Phantasie richtet
die Figuren vollends auf, wie vorher, und benutzt
den verschiedenen Abstand leicht, fast unvermerkt
zur Übertragung der örtlichen Erscheinung in zeitliche, zumal wenn die poetische Erzählung noch den

gleichen Verlauf anheimgiebt. Und nehmen wir endlich eine Darstellung mit unbestimmter Örtlichkeit, eine Vision, einen Traum, wo irdischer und himmlischer Schauplatz ineinander fliessen, da wird allzu grosse Bestimmtheit im statischen Verhalten nur Hindernis der Phantasie; ja die Beweglichkeit des Blattes selbst steigert die Illusion und befreit, im leisen Wechsel der Flächenlage zu uns, die Vorstellung vollends vom Gesetz der Schwere und den Schranken der Körperwelt.

Deshalb greift auch die entwickelte Wandmalerei des Mittelalters zu einem wirksamen Gegenmittel gegen die unbewegliche Starrheit des aufrechten Übereinander ihrer Bilderstreifen. Die Anordnung in mehreren Reihen, die Abfolge des fortlaufenden Inhalts, sie fordern beide die Ortsbewegung des Betrachters in vorgeschriebenem Gange und mehrfacher Wiederholung desselben Weges. Da wird die neutrale Haltung des Flächenraumes, den die Figuren als Hauptsache übriglassen, zu einer wesentlichen Erleichterung für die Beweglichkeit der Phantasie. Das gleichartige Himmelsblau oder vollends der glänzende Goldgrund, der nur einen idealen Raum bedeuten kann, entrücken auch die Vorgänge, die wir erschauen, über die Wirklichkeit und ihr gewohntes Durchschnittsmafs hinaus. Jede Andeutung eines bestimmten Schauplatzes, eine Baulichkeit vollends, wenn auch nur von der Aussenseite und flächenhaft wie die Personen, oder gar eine offene Halle, ein umschliessender Innenraum, jede Steigerung der Realität in räumlicher Beziehung fällt

schwer ins Gewicht und hemmt den Flug der Vorstellungen, so wertvoll immer die Kraft der Ver-
anschaulichung für die Stärkung des Glaubens sich
geltend macht.

Wo der Gang des Betrachters inne zu halten
pflegt oder eine Schwenkung vollziehen muss, da
bietet sich Gelegenheit, auch die Wandfläche vor
seinen Augen anders zu behandeln. So wird die
Schmalseite über dem Eingang hier, in der Apsis
da, oder am Schluss der Kreuzarme gern zu einheit-
licher Darstellung benutzt. Da breitet sich vor dem
Blick des Kommenden eine Erscheinung göttlicher
Wesen in ruhiger Gemeinschaft, ortlos und zeitlos
hin, oder dem Gehenden drängt Himmel und Erde,
ja der Höllenschlund zugleich entgegen, d. h. im
„Jüngsten Gericht" gehen Höhenausdehnung und
Tiefenvorstellung, erste und dritte Dimension wie
selbstverständlich ineinander. Noch immer waltet
nur die Fläche, das Nebeneinander in der Breite,
als Einheit zwischen Körpern und Räumlichkeit.

So noch Giotto und selbst Orcagna. Und
wo wir am Ausgang des Mittelalters, wie etwa in
den Wandelbahnen des Camposanto zu Pisa, das
Streben nach reicherer Schilderung des Schauplatzes
erwachen sehen, da legt sich die Raumentfaltung
zunächst in die Breite, wie die Gestaltenreihe selbst.
Der Beschauer erlebt im Vorwärtsschreiten am Bilde
entlang den Wechsel der Scenen und der Örtlichkeit.
Die Längenausdehnung, die gemeinsame zwischen
dem Publikum und den Personen der Legende, —
sie fungiert für die Vorstellung als Tiefenaxe. Das

ist das Verfahren eines Antonio Veneziano, in den Geschichten des heiligen Rayner, und der letzten Trecentomeister, die dort malten, bis gegen Gherardo Starnina hin.

Mit dem fünfzehnten Jahrhundert stellt sich auch in der Malerei das Bedürfnis ein, die Darstellung des Raumes zu berichtigen, indem man versucht, die dritte Dimension auf der Fläche in vollerem Umfang zu ertäuschen. Und es ist bezeichnend für den ganzen Charakter dieses Vorganges: der eigentliche Urheber des Umschwungs ist ein Architekt, Filippo di Ser Brunellesco selber, und ein zweiter Architekt, Leon Battista Alberti, setzt diese Lehre für die Maler fort. Die Aufgabe, die jener stellt und seine Freunde, wie Masaccio und Uccello zu lösen unterweist, besteht darin, die Einheit von Körper und Raum nicht mehr in der Fläche, sei es in der einen oder der andern ihrer Dimensionen zu suchen, sondern, wie in der Aussenwelt selbst für das Auge des Erdenbewohners und seine Ortsbewegung zugleich sie sich vollzieht, in der Tiefenaxe. Da die Bildfläche diese dritte Dimension selber nicht bietet, muss sie erobert werden durch künstliche Mittel: das ist die Forderung der Perspektive, die Brunelleschi den Zeitgenossen vorkonstruiert, Leon Battista Alberti weiter ausgebildet hat.

Damit wird die Einheit auf einen andern Faktor der Wirklichkeit übertragen, auf den Raum, der im Bilde zur Erscheinung kommt. Das ist, so sehr die Linearperspektive und die bloss zeichnerische Bewältigung des Problems vorläufig überwiegen mag,

gewiss ein Fortschritt auch im malerischen Sinne.
Nun erscheint dem Auge des Malers auch die menschliche Gestalt vor allen Dingen als Körper im Raume,
gleich den andern Gegenständen um sie her, gleich
dem Baume oder dem Felsblock, gleich der Säule
droben auf dem Bau oder dem Schiffe drunten auf
dem Wasser, gleich dem Lesepult im Zimmer oder
dem Hüker in der Werkstatt. Der Raum, der sie
alle umschliesst, nimmt sie auf in seinen gesetz-
mäfsigen Zusammenhang. Der Fussboden, mit seinem
perspektivisch verjüngten Netz von mehrfarbigen
Platten, die Balkendecke mit ihrer entsprechenden
Verkürzung, die Seitenwände, die nach der Mitte zu
zusammenfliehen, und die Schlusswand, die den
Schauplatz von der weiteren Aussenwelt abtrennt,
umstricken alle Dinge darinnen mit sichtbaren Fäden
der regelrechten Konstruktion. Der Raum einigt
sich mit den Gegenständen darin nur um den Preis,
dass sie aufgehen in ihm, abhängig bleiben von ihm
nach allen Seiten, bis zu jenen Gränzflächen, die
unten und oben, hüben und drüben und in der Mitte
hinten die Blicke des Beschauers auffangen. Es ist
eine Einheit nach dem Herzen des Baumeisters. Fast
möchte man sagen, es sei im Grunde nur eine Übertragung des gotischen Systems auf die Malfläche,
mit all seiner Folgerichtigkeit bis ins Kleinste hinein.
Was Andrea Orcagna in seinen Reliefs am Taber-
nakel in Orsanmichele nach Puppenstubenart für die
Figuren durchführt, das wird auf die Ausdehnung
und Umwandung der Schaubühne selber angewandt,
im Flächenbilde wiedergegeben. Der sogenannte

„Realismus" der Quattrocentomaler beruht also auf einer Unterlage systematisch ausgebildeter Tektonik nach gotischer Schultradition.

Aber, wo immer der Innenraum sich öffnet oder der Architekturprospekt einen Seitenblick ins Freie gestattet, wo der blaue Himmel und die Landschaft draussen hereinschauen, da lockert sich der Bann des Rahmens, der die strenge Gesetzmäfsigkeit des Mikrokosmos drinnen umschliesst, — da klingt es wie ein Mahnruf aus der Weite der Welt herein, dringt es wie ein Atemzug in die Enge, und wir merken die Befangenheit. Diese „Realisten" der Frührenaissance machen indess völlig Ernst mit ihren perspektivischen Gesetzen, wie bei den Menschen-gestalten, gemalten und gemeisselten, so auch bei der Natur, die ihr Auge umspannt und durchdringt. Man versucht auch unter freiem Himmel den länd-lichen Gründen mit Zirkel und Richtscheit zu Leibe zu gehen, auch hier die Einheit des Raumes um eine Tiefenaxe, um einen Centralpunkt, in der Mitte gar, durchzuführen. Und wo die Mauern, die Häuser der Stadt, die tektonischen Hilfsmittel des Perspek-tivikers keinen Anhalt mehr gewähren, da müssen die Felsblöcke noch lange hin als Handhabe dienen, ja die Berge selbst herhalten, sei es auch in mensch-licher Verkleinerung und berechneter Zerstückelung, die den mächtigen Eindruck der Natur vollends auf-heben. Jacopo Bellini und Andrea Mantegna mit ihrer paduanischen Gelehrsamkeit, dann die Erben altumbrischen Raumsinnes Piero de' Franceschi und Pietro Perugino bezeichnen mit ihren bekann-

4*

ten Namen eine Reihe fortschreitender Entwickelung,
die weit über Florenz hinausreicht. Fügen wir noch
den einen, Melozzo da Forli, hinzu, so ist auch
die Eroberung des Himmels eröffnet, der im Aufstieg
durch den Innenbau nach den Erfahrungen des
irdischen Raumes bemeistert wird.

Drei wenigstens von diesen, Perugino, Melozzo
und Piero de' Franceschi als ihr Lehrer, besitzen
allesamt schon Mittel zur Erlösung, gleichwie der
malerische Genius eines Masaccio am Anfang und
eines Giovanni Bellini am Ende des Jahrhunderts.
Sie kennen das Medium des Lichtes und der Luft, —
eine andere Einheit ausser der linearen Konstruktion,
ein anderes Gesetz der Natur als die starre Ausdehnung der Körper und des Raumes allein. Während
diese letzteren beide ihren Zusammenhang im Dasein
dem Menschenkinde nur auf dem Erdboden selber
bewähren, auf dem alltäglichen Grunde seiner eignen
Existenz, gehören Luft und Licht schon fühlbar
genug einem weiteren Zusammenhang an. Sie kommen beide aus der Höhe, aus der Weite des Alls,
und werden uns so zu Boten des Unabsehbaren,
rufen Ahnungen in uns wach, die das wolbekannte
Spinnennetz der eignen Wirksamkeit durchbeben
und dann und wann zu zerreissen drohen. Sie machen
dem menschlichen Auge schon den Wechsel von
Tag und Nacht, die Unterschiede des Wetters, der
Tages- und Jahreszeiten erkennbar, und damit die
Abhängigkeit des Einzelwesens und seines engen
Schauplatzes auf Erden von dem grösseren Ganzen,
das sich als weiterer Gesichtskreis herumlegt. Noch

ehe der rechnende Verstand der Wiederkehr dieser Erfahrungen beizukommen trachtet oder gar imstande ist, sie zu deuten, bemächtigt sich das dunkle Gefühl der Grundtatsachen des ererbten Lebens. Und im Bilde sehen wir die Einwirkung der ausserhalb bestehenden Verhältnisse mitgegeben. In, mit und unter dem umgebenden Raum empfangen wir die Bedingungen des Daseins für den dargestellten Gegenstand, die Beziehungen, in die er sich zur Aussenwelt gesetzt, ja seine Vergangenheit und Zukunft mitten in der Gegenwart, das heisst auch eine Ahnung der Unendlichkeit.

Wie ein heiliges Mysterium erschliesst sich dieser Zusammenhang mit der weiten Natur durch Licht und Luft den Künstlern, die wir soeben genannt; aber es währt noch lange, bis es als Kern einer neuen Aufgabe, als eigenste Anwartschaft der Malerei erfasst wird. Denn der tiefste Sinn dieser neuen Offenbarung steht im Widerspruch zur ganzen Schultradition des Quattrocento, vielleicht zum wesentlichsten Zug des italienischen Kunstgeistes überhaupt.

Gleichzeitig mit Vittore Pisanello hier und Masaccio dort war fern im Norden die niederländische Kunst diesem Ziele schon näher gekommen. Auch sie entringt sich unmittelbar dem gotischen Kunstsystem. Auch sie huldigt eine Weile dem plastischen Ideal, als wäre sie, auf dem Boden des steinernen und des hölzernen Bildwerks der Kathedralen selbst erwachsen, ursprünglich nichts andres als Bemalung, und handhabte im klaren Gegensatz hier den

monochromen Anstrich mit Steinfarbe oder Gold,
dort im vollen Wetteifer mit Buntheit und Schimmer
des Festprunkes die natürlichen Farben des Menschen
und der Dinge sonst, bis hinein in die kleinsten
Einzelheiten, die das Auge nur bei liebevollem Verkehr in nächster Nähe zu entdecken vermag. Wie
seltsam stehen am G e n t e r A l t a r w e r k die Einzel-
figuren in plastischer Durchführung gemalt oder die
Reliefbilder mit ihrer wirklichkeitstreuen Färbung
den völlig anders gearteten Bestandteilen gegenüber.
Hier die steinfarbenen Heiligen und die lebensvollsten
Bildnisse nebeneinander, dort droben an der Innenseite die nackten Gestalten des gefallenen Menschen-
paares, wie arme Sünder an der Schwelle des Heiligtums, wie fern und entfremdet dem einstigen Urbild,
das in der Mitte tront: Gottvater selbst, der statua-
risch losgelöst aus aller Bedingtheit doch im eignen
Willen den Zusammenhang des Ganzen beherrscht,
mit den nächsten Ausstralungen zur Seite, die an
ihrer vornehmen Stelle doch abhängig und bedingt
erscheinen, wie seine Werkzeuge, dem Herold und
der Gebärerin des Sohnes. Zwischen den äussersten
Gegensätzen göttlicher Vollkommenheit und irdischen
Mangels die singenden und musizierenden Vermittler,
wenige Gestalten, aber völlig wirkliche, wie auf dem
Orgelchor der Kirche beim Hochamt oder am Altar
selbst, in voller Farbenpracht und eifrigem Bemühen,
leibhaftige Knaben und Mägdlein von Gent, aber
auch ganz reliefmäfsig angeordnet, wie bei Luca
della Robbia im weissen Marmorschmuck der Dom-
tribüne zu Florenz. — Dagegen „die Anbetung des

Lammes" drunten und der Zug der frommen Scharen
von den Seiten her nach dem Mittelpunkt der Welt,
und ebenso an der Aussenseite droben der Gruss
des Engels in Mariens Wohngemach, mit dem Ausblick auf die Strassen und Häuser der Stadt, aus
dem traulichen sauberen Heim in die lachende
Weite! — Wie fortschreitend anders diese Breit-
bilder, wenn wir vom Einblick in den Söller des
flandrischen Hauses zu den gerechten Richtern und
heiligen Streitern, zu den Einsiedlern und Pilgern,
die wieder reliefmässig vermitteln, und zu dem Bild
der Offenbarung des höchsten Heils, dem fernen
Ziel der Sehnsucht weiterdringen. Da liegt die all-
mähliche Entdeckung des Malerischen in deutlicher
Folge vor uns ausgebreitet, und bezeichnend genug
für die germanische Renaissance, die Wiedergeburt
des Menschen von Innen her. Das innigste Geheimnis
der Seelen erscheint als Fernbild, die menschlichen
Gestalten dort nur in kleinem Mafsstab noch und
zu Scharen gesellt, so dass der Einzelne verschwindet,
aufgeht im Zusammenhang des Ganzen, beseligt, im
göttlichen Symbol die Gemeinschaft mit dem Unendlichen zu spüren.

Das ist auch der letzte Sinn der Wirklichkeits-
wunder eines Jan van Eyck mit ihrer Hingebung
an den mannichfaltigen Schein der Dinge, der in
Sonnenlicht und Spiegelglanz zahllose Fäden des
Zusammenhangs hinüber und herüber spinnt, und
auch den Menschen nur in seinem selbstgeschaffenen
Heim, mit allem liebgewordenen Hausrat zugleich,
zu fassen lehrt. Von unsrer sichtbaren Innenwelt

aus dringt das Auge dieses Malers sogleich in die
Weite; er öffnet irgendwo den Ausblick in die
Landschaft, nimmt ein Stadtbild aus der Höhe, ein
Flusstal in der Tiefe hinzu, auch diese freilich in
minutiöser Schärfe und bestimmtester Kleinarbeit,
wie im Hohlspiegel aufgefangen, mehr Licht als
Luft beherbergend, — und fast immer ohne die
natürliche Brücke zwischen Nah und Fern, zwischen
Ort und Zeit, als wären es Erinnerungsbilder aus
dem Vorrat der eignen Phantasie, Einfälle nebenher,
die sonst am Rande eines Blattes sich ablagern oder
im Rankenwerk einer spielenden Ornamentik als
duftende Blütenkelche hervorbrechen.

Es würde zu weit in historische Einzelheiten
hineinführen, wollten wir die wichtige Rolle kenn-
zeichnen, die Hugo van der Goes im Vollzuge dieser Entwickelung übernommen, oder die Abweichung dartun, die Hans Memling als Deut-
scher mitten im flandrischen Wesen erkennen lässt.
Mit dem Eindringen des italienischen Geschmacks
am Anfang des sechzehnten Jahrhunderts neigt sich
die Wagschale wieder auf die Seite des Plastischen,
und die Befriedigung des Körpergefühls, das den
romanischen Führern der Renaissance über alles
geht, gewinnt auch in den Niederlanden die Oberhand. Damit wird, für ein Jahrhundert lang, jenen
Offenbarungen des tiefen Gemüts, jener Innigkeit
des Malerischen die Förderung entzogen.

Sind die Vorbilder, die hier Nachahmung finden,
zunächst auch lombardischen und venezianischen Ur-
sprungs, so lässt die Bekanntschaft mit Rafael und

Michelangelo doch nicht lange auf sich warten. Und mit diesem Beispiel etruskischer und umbrischer Begabung ist auch für Oberitalien das Hindernis bezeichnet, das der Entdeckung des Malerischen im höchsten Sinne entgegentritt. Es ist der plastische Drang Michelangelos noch mehr als der architektonische Aufbau des Urbinaten, der bei Giorgione selbst und Tizian die Ahnungen germanischen Gemütslebens verscheucht und die Auffassung des weiten Naturzusammenhangs in Helldunkel und Farbenschimmer wieder zurückdrängt.

In jenem Wettstreit zwischen Lionardo und Michelangelo, der nur in grossen Kartons für breit sich hinziehende Wandgemälde zum Ausdruck kam, ward doch die Verherrlichung der nackten Menschengestalt entschieden. Wie Michelangelo hier, am Ufer des Arno entlang, die Reihen badender Soldaten entfaltet, so wirkt dies Vorbild, das alle Strebsamen gefangen nimmt, im Sinne des plastischen Reliefstils weiter. Vergeblich versucht er selbst an der Decke der Sixtina die Sintflut in malerische Anschauung überzuführen, oder im Wolkenschieber Jehovah der Forderung des unten stehenden Betrachters gerecht zu werden. Von der „Erschaffung Adams" bis zur „Schande Noahs" wird ihm alles zum klaren Relief, wo ausser den Gestalten selbst nur der Boden unter ihren Füssen Bedeutung hat, und Freifiguren, wie er sie fürs Grabmal Julius' II. gedacht, setzt er darunter auf die Nischentrone, durch und durch plastisch gemeint, obwol er den Pinsel führt. Und ein Überschwall bildnerischer Mo-

tive wuchert überall hervor, des Guten auf einmal
viel zu viel.

Im Gegensatz zu diesem unwiderstehlichen Sieger
wagt man bei Rafael, der in Florenz schon in
seine Schule gegangen, vom Auftreten eines „malerischen" Stiles zu reden. Mit Recht, wenn man das
Wesen des Malerischen richtig fassen will, und doch
nur in relativer Bedeutung, soweit bei Rafael selbst,
im Entwickelungsgang des einzelnen Meisters, die
Lehre Lionardos sich geltend macht, und die Berührung mit dem Lombarden Sodoma und Sebastiano,
dem Venezianer, eine Zeitlang die Mächte des Helldunkels, des Lichtes und der Farbe, zu gewinnen
lockt. Auch Rafaels malerischer Stil bleibt, wie man
gestehen muss, der plastischen Natur des Zeit-
geschmackes treu, — „hält sich im wesentlichen an
bewegte Gestalten". Und das „Malerische" in seinen
Fresken der Stanza dell' Eliodoro, wie in andern
Werken jener Zeit, denen man den selben Vorzug
zugesteht, liegt nicht sowol in der lebhafteren und
freieren „Bewegung" der Körper im Raum oder gar
im „Ausdruck einer dramatisch gesteigerten Handlung", als vielmehr in dem einheitlichen Zusammenhang, in den die Körper mit ihrer räumlichen Umgebung gebracht sind. Nun erst werden die Früchte
gezeitigt, die Lionardos Reiterschlacht von Anghiari
und Michelangelos Überraschung der Badenden an-
gesetzt hatten. Die Gegenstände der Camera della
Segnatura und das Beste in Rafaels umbrischer
Raumkunst schlossen die malerische Vereinigung
aus, weil die architektonische herrschen sollte. Nur

im freieren Parnass und im Vordergrunde der Schule
von Athen war Gelegenheit zu jener. Und da liegen
auch die Anfänge des malerischen Stils, selbst in
der Gruppe der sehnsuchtbegeisterten Jünglinge, die
sich zum Altar drängt, in der Disputa kenntlich
genug zu tage. Ja, — das plastische Wesen einmal
zugegeben —, wie herrlich füllen die drei Frauen-
gestalten im Bogenfeld, die Begleiterinnen der Justitia,
den zugemessenen Raum mit ihren Körpern und den
ausgreifenden Gliedmafsen nach allen Seiten!
Aber das eben ist auch die Kunst der grossen
Florentiner. Michelangelo, der Bildhauer, stellt
am Anfang des sechzehnten Jahrhunderts der Lehre
Brunelleschis des Architekten, die das Quattrocento
beherrscht hatte, einen neuen Grundsatz gegenüber,
und zwar überträgt er ihn, bewusst oder unbewusst,
wie alle Zeitgenossen, die ihm nacheifern, aus der
Reliefkunst auf die Malerei. Die Einheit beider Faktoren der Wirklichkeit, die diese Schwesterkünste
uns vorführen, wird nicht mehr im Sinne jenes Baumeisters im Raum gesucht und in seiner strengen
perspektivischen Konstruktion, sondern im Körper.
Die menschliche Gestalt wird Träger der Einheit für
die zusammenfassende Anschauung, sie allein schafft
durch die klare Bestimmtheit ihres Volumens und
die absehbare Erstreckung ihrer Gliedmafsen die
Raumwerte, deren die Vorstellung bedarf.
Es ist lehrreich, die Verbindung beider
Mächte, der Raumkunst im Sinne Brunelleschis
und Masaccios, die Piero de' Franceschi, Perugino
und Melozzo weitergebildet, und der Körper-

bildnerin im Sinne Michelangelos, bei Rafael
zu verfolgen. Die „Vertreibung des Heliodor" zeigt ebenda,
wie sehr Rafael die Macht des leeren Raumes mitten
im Fortlauf des Geschehens kennt und einsetzt,
während die „Umkehr Attilas" die vollendete Herr-
schaft über Ruhe wie Bewegung nicht minder
offenbart, wie über koloristische Gegensätze, über
plastische Bestimmtheit und malerische Auflösung
des Körperlichen zugleich. Die wenigen Vertreter
der Kirche sind schlicht und hell herausgehoben,
still und friedlich in ihrem Auftreten, allein und verlassen, scheint es, wehrlos in ihrer Milde. Aber sie
haben einen Rückhalt, der mächtig über ihren Häup-
tern hervorblitzt. An der Erscheinung der Apostel-
fürsten droben bricht sich der Ansturm der Barbaren
über die Campagna. Wunderbar ist der Zusammen-
stofs mit dem überirdischen Widerstand im König,
das Zurückstauen des unaufhaltsam daherbrausen-
den Stromes gegeben, der mit Rauch und Feuer
seinen Weg bezeichnet, als wälzten sich endlose
Scharen solcher Reiter aus der Ferne her. Diesem
schäumenden Gestaltengewoge in flackriger Beleuchtung unter Wolkenschatten liegt als Gegensatz die
ewige Stadt gegenüber, mit ihrem Zinnenkranz, ihren
Türmen und Kuppeln, wie stralend unter der Abend-
sonne. Das Bild des siegreich Bestehenden ist als
architektonischer Eindruck vollwichtig hinter dem
Papst mit den Seinen eingefügt, und doch, in dieser
Beleuchtung ein malerischer Faktor im Ganzen, wie
der Heerwurm im Dunkel gegenüber.

Die selbe Meisterschaft, wie in diesem Vorbild echter Historienmalerei, bewährt Rafael in dem Teppichkarton mit dem Fischzug dadurch, wie er einen Vorgang zwischen Personen in eine zugehörige Umgebung, wie in ein eignes Element zu betten weiss. Einer Welle gleich hebt sich die körperliche Bewegung vom widerhaltenden Bootsmann durch die beiden nackten Jünglinge zu Andreas empor, um hier, im Ausdruck innerer Bewegung zusammengefasst, sich zu überstürzen und im hingesunkenen Petrus zu Füssen des Herrn zu zerschäumen. Die Gebärde des ruhigen Meisters allein weist diesem stürmischen Andrang sein Ziel. Unten aber gleiten die Barken friedlich über die Spiegelfläche des Wassers, und das Ganze schwimmt in der klaren Flut, unter dem blauen Himmel, mit dem seitwärts entschwindenden Uferrand, — wie ein echtes Fischermärchen, dessen wundersame Bedeutung ahnungsvoll aus der Tiefe blickt. — Also auch hier Ruhe und Bewegung, äusserer Drang und innere Klarheit, gleich wertvolle Instanzen des künstlerischen Schaffens. Ist es noch nötig, an den Triumph der Liebe in Galatea zu erinnern und an die wogende Wolkenregion, in der die Sixtina, so selig entrückt über alle Rechnung nach Raum und Zeit, vor uns aufgeht? Wichtiger scheint hier der Hinweis auf den Sieg des Reliefzuges in den Teppichkartons, soweit dieser dem ursprünglichen Bestimmungsort entspricht, und des vollen plastischen Dranges im Burgbrand, wie in der Psychefabel, von der Schlacht des Konstantin gar nicht zu reden. Wieder ist es lehrreich,

das Gegengewicht des Räumlichen zu beachten: in
jenem „Genrebild mit der Familie des Äneas" die
Architektur, der Schauplatz selber; in der antiken
Liebesgeschichte unter dem Laubendach der Farne-
sina das ideale Hinausheben über örtliche und zeitliche Bedingungen. Sehen wir einmal ab vom Ve-
larium dieser Loggia, wo die Götterversammlungen
ohne Untensicht wolweislich wie ausgespannte Tep-
piche gemalt sind, so erscheint die ganze gesunde,
ja üppige Leiblichkeit nach dem Sinn der Hochrenaissance mit hinaufgenommen in die selige Freiheit, vollgültige Körper, doch ohne Erdenschwere,
im Reich der Lüfte wohnend und doch nah genug,
nicht entfremdet, sondern lebenatmend wie in ewiger
Jugend, — ein Triumph der echten Malerei, die ihre
eigensten Vorrechte kennt, also weit hinaus ist über
die Willkür Michelangelos.

Und bei alledem ist von Farbe noch nicht ge-
sprochen worden, während die Messe von Bolsena
und die Befreiung Petri in der Stanza dell' Eliodoro,
die Madonna di Fuligno und andre Werke der
nämlichen Periode von jeher wegen dieses neuen
Vorzuges bewundert werden. Im Grunde aber bleiben
die Gemälde Rafaels mit wenigen Ausnahmen, wie
etwa die Sixtina in Dresden, gleich denen eines Fra
Bartolommeo und Andrea del Sarto selbst noch sozusagen kolorierte Clairobscurs: Körper und Raum
sind da, aufgebaut und durchmodelliert, ehe die
natürlichen Farben der Dinge oder willkürliche Töne
hinzutreten. Also kann auch die farbige Natur der
Dinge nicht das Medium sein, in dem die Einheit

malerischer Erscheinungen ihm aufgieng. Das Denken
in voller Farbenwirklichkeit scheint der Gewohnheit
umbrisch-florentinischer Schulung zu widerstreben:
selbst Pietro Perugino, der seinen schönen Tinten
so weit schon mitzuwirken gestattet, kam über Ahnungen in glücklicher Stunde wol nicht hinaus.
Und was sollen wir denken von Sebastiano del Piombo,
dem Venezianer, den man in Rom so gern als Vermittler des heimischen Kolorits vermutet, — verfällt
er nicht selbst nur allzu schnell dem zeichnerischen
Bann Michelangelos? Wie sollte er in der Farbe
mehr gesehen haben, als ein willkommenes Mittel, die
körperlichen Bestandteile der Komposition mit ihrer
räumlichen Umgebung zu verschmelzen?

Der entscheidende Schritt besteht erst darin,
dass die Einheit von Körper und Raum, die der
Maler zu geben trachtet, nicht mehr in der plastischen Durchbildung der Gestalten, sondern in
ihrer farbigen Erscheinung selber gesucht wird.
Die Vorgeschichte dieser Wendung ist vielleicht
ebenso lang, wie die andre Reihe, die wir bisher
verfolgt haben.

Als Heimat der Farbe in diesem Sinne gilt
Venedig. Und doch lässt ein Meister so hoher Art,
wie Giovanni Bellini, in manchem seiner Werke
noch das stoffliche Verhältnis zu diesem Mittel zweifel-
los erkennen. Auch er streicht zunächst die plastisch
gezeichneten Körper in seinen Bildern nur an, wie

man Holzskulpturen bemalte, und scheint, gleich
Hubert van Eyck, von der Vorliebe für einen schönen
Farbstoff auszugehen. Die Freude an Saft und Kraft
der Tinte führt zur Steigerung in metallischem Glanz,
den die Gewänder oft annehmen müssen, ohne dass
ihre Textur und ihr Stoff dem entspräche. Erst allmählich wird das Gefühl für den innern Zusammenhang der Körper und ihrer farbigen Äusserung
lebendig. Nun erst kann die Natur der Farbe, hier
widerstralend und ablehnend, dort aufsaugend und
ausschliessend, zur Charakteristik der Dinge beitragen.
Nun erst spinnt sich in mannichfaltigen Offenbarungen
des innern Wesens ein Reichtum äusserlicher Beziehungen an, die zwischen den plastisch abgegränzten
Formen vermitteln und in die örtliche Umgebung
sich ausbreiten. Das ruhige Nebeneinander wird
zum Stilleben, das die toten Körper ebenso wie die
lebenden umwebt, und unbekümmert um geistigen
Inhalt, der sonst noch hinter der Hülle stecken mag,
überzeugend zu Sinnen dringt, — als wahrnehmbarer
Ausfluss der Dinge uns berührt, als starker Bestandteil ihrer Wirklichkeit uns entgegenquillt. Die Farbe
weckt unmittelbar den Glauben an die Realität und
wird so zur mächtigsten Bundesgenossin der Kunst,
die das Abbild der Körper auf die Fläche wirft, indem sie ihnen das eigenste ihrer Körperlichkeit, die
dritte Dimension, entziehen muss.

Deshalb liebt das wirklichkeitsdurstige Quattrocento die Buntheit der Dinge. Aber auch in Venedig
geht die Entwicklung der Malerei damals den Weg,
den wir in Toskana aufgezeigt haben. Die perspek-

tivische Konstruktion des Raumes und aller Körper
darin, die Tektonik des Bildes beschäftigt alle Kräfte.
Und die Welt der Farbe muss sich gefallen lassen,
dass man auch sie zunächst in den Bann des engen
Rahmens einpfercht, wie die alte Farbenpracht der
Mosaiken. Im festgefügten Raum des Bildes erst
erscheint ein neuer Faktor der Wirklichkeit: die
B e l e u c h t u n g.

Im Sinne des räumlichen Realismus der Perspektive richtet sich die Beleuchtung darin nach dem
Standort des Bildes, nach der Lichtzufuhr des wirklichen Raumes, dem die Bildfläche angehört, sei es
auf dem Altar einer Kapelle oder an der Wand
eines Zimmers. Man sucht die Täuschung durchzuführen, als empfiengen die Gegenstände im Innern
des Rahmens ihr Licht aus der selben Quelle wie der
umgebende Raum ausserhalb dieser Bildgränze, wie
der Aufenthalt des Beschauers selbst. So freilich
wird die Beleuchtung zu einer starken Potenz der
Wirklichkeit. Sie zeigt uns Körper und Raum im
Bilde unter der Einwirkung eines gemeinsamen Ge-
setzes, lässt sie teilnehmen an den durchgehenden
Erscheinungen des grösseren Ganzen, dessen sinn-
fällige Existenz sich von allen Seiten geltend macht.
Indem der Strom des Lichtes von aussen herein-
flutet und in gleicher Richtung den ganzen Ausschnitt durchdringt, der im Rahmen sich öffnet, stellt
diese örtlich bedingte Beleuchtung eine Einheit
zwischen Körpern und Räumlichkeit her, die den
zwingenden Eindruck perspektivischer Konstruktion
noch erhöht. So malen alle Meister der Raumkunst,

von Masaccio bis Piero de' Franceschi und Melozzo
da Forli, so auch Giovanni Bellini mit dem neuen
Zuwachs reiner Ölfarbentechnik dazu.
Während aber dort erst Michelangelo durch
Verlegung der Einheit in die plastisch gestalteten
Körper den Bann der perspektivischen Raumkon-
struktion durchbricht und damit auch die Beleuchtung
von den Schranken örtlicher Abhängigkeit befreit,
so löst sich auch in Oberitalien der Zwang des
Rahmens erst mit dem Anbruch der Hochrenaissance.
Wie in den Niederlanden ist die landschaftliche
Ferne, die Ausdehnung des Blickes in die Tiefe hier
die Quelle des Heils. Die Weite der Überschau,
zunächst durch ein Fenster, eine Tür, genug einen
neuen Rahmen im Bilde selbst eröffnet, bringt den
Widerspruch zum Gefühl, dass die örtliche Bedingtheit in der Beleuchtung des Vordergrundes doch
auch eine zeitliche ist; dass sie, im Bilde bleibend,
sich mit dem Wechsel der Tageshelle im wirklichen
Raum nicht verträgt. Die starre Folgerichtigkeit der
Schattenkonstruktion in einer Richtung wird gemildert
durch zerstreute Reflexe. Die schimmernde Spiegelfläche des Meeres wirkt erlösend herein. Und der
feuchte Duft der Lagune taucht empor über die
Marmorschwelle des Heiligtums und umzieht die
festen Formen wie die starken Farben aller Körper
mit seinem goldigen Hauch, erweichend und ver-
mittelnd zugleich. Das ist das letzte Erbteil, das
der greise Gianbellin den Jüngern hinterlässt;
Giorgione und Tizian verdanken ihm diesen
Zauber. Eine Zeitlang scheint es, als sei die Ent-

deckung des Malerischen vollzogen, aber doch nur
eine Weile: Giorgione stirbt früh, und Tizian huldigt
bald der Verherrlichung der Menschengestalt, wie
neben ihm Palma vecchio und Sebastiano del Piombo
sie ergriffen. Der plastische Drang der Kunst Italiens
reisst alle Ahnungen dieses Mysteriums mit sich fort,
und die Vergötterung des Selbstgefühls bleibt ihr
das höchste Ziel.

Alle Beobachtung des Lichtes und der Farben
scheint wieder vom Körper auszugehen und immer
nur auf die Erscheinung des Dinges im Raum zurückzuführen. Der Zusammenhang mit der Weite der
Welt bleibt ausser Betracht, sowie sie den Menschen
selber überwältigend in sich aufzunehmen droht. Aber
die Farbe, die lichtdurchtränkte, geht den Venezianern
nicht verloren, und sie wenigstens wird das Einheit
schaffende Medium, das die Härten der Körper auflöst und den Raum erfüllt. Statt der Stoffe dieser
Welt wird ihr Farbenschein erfasst, und mit seiner
Hilfe gar die Wolkenregion des Himmels erobert.
Hier in greifbarer Nähe, als unmittelbare Äusserung
der Materie selbst, dort aus der Höhe stralend, als
eindringlichste Bewährung der Gegenwart, – hier
über Marmorfliesen gebreitet oder ins Wasser gleitend,
dort in den Lüften verflatternd oder im Lichtglanz
verschwimmend, verbindet die Farbe die Wirklichkeit
mit unsern Träumen, das lebende Geschlecht mit
seinen Ahnen, seinen Göttern, seinen Idealen. In
ihren farbenreichen Bildern steht noch heute die
ganze längst versunkene Glanzzeit Venedigs vor
unsern Augen, solange die Überreste bemalter Lein-

5 *

wand dauern. Und worin besteht die Wunderkraft
dieser Ölfarben anders, als im Vollzug der innigen
Verbindung zwischen den beiden Bestandteilen
unsrer sinnlichen Anschauung, die wir Wirklichkeit
nennen, jener Einheit zwischen Körper und Raum,
in der sich beide restlos für unser Auge aufzulösen
scheinen? Es ist, als schöpften diese Maler mit ihren
Farben aus dem Urgrund aller Erscheinung und
hätten mit ihnen auch die Machtvollkommenheit, uns
vollgültige Wirklichkeit erleben zu lassen, so dass
wir Wahrheit und Dichtung gar nicht zu scheiden
begehren. Hier gilt, wenn irgendwo, was Max Klinger
von der Malerei mit vollen Farben gesagt hat: „sie
erscheint uns als der vollendetste Ausdruck unserer
Freude an der Welt. Sie ist die Verherrlichung,
der Triumph der Welt." Bei Paolo Veronese
schon ist kein Zweifel mehr, dass nur die Menschen-
welt gemeint ist, und Selbstvergötterung ist ihr
innerstes Wesen, gleichwie der festlichen Baukunst
Palladios, der antiken Göttertempeln ihre Giebel-
stirn und ihre Säulenreihe entlehnt, um die Paläste
und Landhäuser dieser Vornehmen zu schmücken,
die den Olympischen gleich durch das Dasein wandeln.

Die letzte und höchste Entwickelung der italienischen Malerei bezeichnet „in rein malerischer Beziehung", wie man gesagt hat, Correggio. Von
dem Augenblick an, wo er alle seine Mittel bei-
sammen hat, malt er seine Werke nur noch wie im
Wonnerausch der Liebe. Ihr allein scheint er all
die Gaben zu danken, die sich unerwartet auftun,
wir wissen nicht von wannen sonst. Aber er lebt

sich auch aus vor unsern Augen, wenn wir der
Reihe folgen. Selbst ein Martertod wird zur Liebes-
verzückung und der Eingang in die Seligkeit zum
Jauchzen der Lust; aber am Ende verblüht selbst
der Götterleib, und die reizende Form löst sich auf
in Üppigkeit und Erschlaffung. Sein Element ist
nicht die leibhaftige Farbe wie in Venedig, sondern
das Helldunkel, die Bewegung von Licht und Schatten;
von ihr geht er aus, und deren Wollaut steht ihm
höher als die stoffliche Wirkung der Tinten. Aber
als Gegenstand behandelt auch seine Malerei nur
den Menschen; Gestaltenbewegung für das menschliche Körpergefühl ist ihm die Hauptsache wie aller
italienischen Kunst jener Zeit, und die umgebende
Natur wächst nur so weit in seine Bilder hinein, wie
die zitternde Anempfindung sinnlicher Liebe zwischen
Menschenkindern sie durchdringt. Wie die Reize
des Nackten im Zwielicht sein Auge entzücken und
sein Herz betören, hat er die Körperbewegung nach
allen Seiten zu einer Biegsamkeit und Schmiegsamkeit gesteigert, so dass seine Menschengruppen allein
schon die Bildfläche füllen und das Raumvolumen
schaffen, das sie bedürfen. So neigen sich und
strecken sich auch seine Bäume, so fluten seine Gewänder und Gewässer, so schweben und dehnen sich
seine Wolken und seine Götter, wie seine Tiere.
Die Wolken nehmen den Körpern einen Teil der
Schwere und ballen sich dichter, als Massen jenes
duftigen Helldunkels von feinstem Grau in Grau;
und die Körper aller Naturreiche nehmen etwas an
von der Luftnatur dieses Gewölks; sie wogen durch-

einander und zerfliessen im Licht, wie Nebelgestalten.
Alles atmet und fühlt wie die Menschenbrust, teilt
die zartesten Schwingungen unseres Nervenlebens,
vibriert in Daseinswonne und vergeht vor Inbrunst
im All, wie die Seele des Malers in Liebeswahn.
Ohne Frage, wir sind an der Schwelle rein
malerischen Empfindens und, in der Wiedergabe der
plastisch gedachten Gestalt, bei der Auflösung der
Körperform. Die Verherrlichung ihres Sinnenlebens
selbst führt dazu hin. Es ist merkwürdig, dieser
geniale Maler ist eine durch und durch weibliche
Natur. Nur auf dem Höhepunkt seiner Kraft, in dem
Kuppelgemälde von S. Giovanni, malt er auch Männer
von charaktervollem Körperbau; selbst der langbärtige
Hieronymus, so ungeschlacht er ist, erscheint un-
männlich schon auf dem Madonnenbild von 1528.
All seine Metamorphosen der Liebe sind weiblich
empfunden. Darin liegt die Erklärung für das Auftreten dieser malerischen Gesinnung, wie für den
Ruhm des Meisters zur Zeit des Rokoko.

Der Mann aber, der Correggio gegenübersteht
und den Sieg dieser weiblichen Hingebung verhindert
hat, so sehr auch Zeitgenossen wie Vasari danach
schmachten, ist wieder M i c h e l a n g e l o , diesmal
der Maler des „Jüngsten Gerichts", der Vater des
Barock. Sein grosses Fresko an der Altarwand der
Sixtinischen Kapelle entscheidet noch einmal für den
römischen Stil. Es ist ein gewaltiges Hochbild,
dessen Reliefkomposition die Tiefe nirgends weiter
entwickelt als die Gestalten selbst, so ausschliesslich
also, wie die Nacktheit der Körper auch das plastische

Princip zur Geltung bringt. Als ob das Weltall von
der Höhe des Firmaments bis in die Tiefen der Hölle
sich gespalten hätte, und alle Regionen dazwischen
in diese Kluft sich leerten, so geraten hier Gestalten-
gehänge, auf- und absteigend, in langsamen, aber
unaufhaltsamen Zug, als wollte in furchtbaren Wehen
die ewige Scheidung von Unten und Oben sich vollziehen. Die posaunenden Engel unten, die alle
Toten herbeirufen, und der Gottessohn oben, von
dessen Machtgebärde die Bewegung ausgeht, springen
in der Mitte hervor als stralende Punkte an den
Enden einer unsichtbaren Kraftlinie, die sie beide
senkrecht verbindet. Das ist die Dominante des
Ganzen. Von ihr ist Alles abhängig, bis zu den
letzten Gestalten, die von unwiderstehlicher Gewalt
gezogen vorwärts nach dieser Gravitationsaxe drängen,
wo der Wille des Allbewegers auch ihr Schicksal
entscheidet.

Niemand wird den Mut haben, hier von „male-
rischem Stil" zu reden. Wenn Bewegung allein,
Gestaltenbewegung oder Massenbewegung, malerisch
wäre, so müsste es hier sein. Weder Pinsel noch
Farbe hindern aber diese Schöpfung des gewaltigen
Körperbildners, sich als rückhaltlose Offenbarung
plastischer Phantasie zu behaupten. „Schönheit ist
Harmonie", bekannte die Renaissance. Und an der
Decke der Sixtina weiss auch Michelangelo die viel-
gliedrigen Reihen im freien Spiel der Gegensätze
auszugleichen und zu harmonischer Gesamtwirkung
zu verbinden. „Schönheit ist Kraft", bekennt der
neue Stil, in dem er, ein Menschenalter hernach, die

Altarwand derselben Kapelle malt. Und die Einheit
der Energie, die er zu entfalten und zusammen-
zuhalten weiss, ergreift die Seele ebenso wie der
Kuppelraum von St. Peter: die Starken jauchzen mit
ihm, wie mit dem Gewittersturm, nur die Schwachen
seufzen, erdrückt von dem Übergewaltigen.

Der Erbe dieses Stiles ist Niemand anders als
R u b e n s , — aber er hat ihn auch soweit wie möglich
ins Malerische übersetzt. Er hat die Verherrlichung
des Männlichen bei Michelangelo und die des Weiblichen bei Correggio zusammengefasst, er weiss von
Giulio Romano und Tintoretto, von Tizian und Paolo
Veronese zu lernen, ohne sich selber zu verlieren,
und gehört mit seiner virtuosen Machtvollkommenheit
als Letzter zu dieser Reihe romanischer Künstler,
denen abermals das plastische Ideal über Alles geht.
Er verbindet wie kein Andrer die Leibespracht mit
der Farbenpracht. Sein malerischer Stil nimmt die
ganze Schöpferlust Michelangelos an wuchtig bewegten Gestalten in sich auf, aber er hat auch Wol-
gefallen an der Vollreife des Weibes und an des
Rosses Stärke, wie an dem Reichtum köstlicher Stoffe
aller Art. Seine unverwüstliche Germanennatur reisst
Alles mit sich fort in ein Formengewoge, wie es nur
der Pinsel eines hochbegabten Malers so strotzend von
Leben und wechselndem Schein vor Augen zu bringen
vermag. Selbst Bauformen und Zeugmassen, Pflanzen-
wuchs und Vogelgefieder bequemen sich dieser
flutenden Bewegung seines Vortrags, und eine ganze
breite Landschaft, mit Allem was darin ist, wallt und
wirbelt an uns vorüber, wie ergriffen vom bakchischen

Jubel. So füllt er im Engelsturz oder im Jüngsten Gericht die Weite des Alls mit Gestaltenströmen und bevölkert Räume, die unabsehbar sich zu öffnen scheinen. Und doch ist die Grundlage all seiner Farbenwunder das plastische Vermögen der Gestaltung, der Körperbildung mit dem Pinsel, die alles Übrige sich dienstbar macht, und der Raumbelebung, die als Überschuss der eignen Fülle gar nicht umhin kann weiter zu wirken.

Rubens und sein Nachbar Rembrandt scheiden einmal wieder auf lange hinaus die Zeiten und Völker. Zwischen beiden liegt das weite Gebiet der niederländischen Landschaft ausgebreitet, das in unserm Sinne wieder ein Neues bezeichnet, — vom Stillleben und Sittenbild gar nicht zu reden. Erwähnen wir nur Eins: wie wunderbar versteht es diese Generation, die Stätten menschlicher Wohnung, im Schofse der natürlichen und geschichtlichen Umgebung, als gewachsen und geworden wie aus notwendigen Gründen vorzuführen! Hier die Hütte voll emsigen Lebens, wie kauert sie unter dem mächtigen Eichbaum und neigt sich wie jener gegen das gleitende Ufer des Wassers oder unter dem Sturme, der über beiden Genossen dahingegangen ist und beide zerzaust hat, bis sie im Widerstand noch enger sich zusammenschlossen. Oder die Ruine dort, so leer und verlassen, mit kahlen Fensterhöhlen über den Hügel ragend, wie hat die ganze Umgebung sich mit ihr abgegeben, als wollte sie Ersatz hervorlocken für das zerstörte Dasein! Wie hat der Staub der Strasse die Mauern gefärbt, überall ein wenig Erde gehäuft, das

die Gräser dann besamten, wie haben die Bäume ihre
Schösslinge dazwischen geschoben, die Epheuranken
sich kletternd bemüht! Wie der knorrige Stamm
der Waldriesen in den Furchen seiner Rinde, in ge-
knickten Zweigen und nachgewachsnem Geäst dem
Auge des Wandrers eine lange Geschichte erzählt,
so hier die verwitterten Trümmer mit dem neuen
Leben darüber. Alles ist eingegangen in einen
Grundton, wie in vertraulicher Gemeinschaft eines
gleichen Geschickes, und es ist uns, als müsse das
Bächlein seine gurgelnde Weise zum Ausdruck der
Stimmung leihen, oder als seufze der Abendwind in
den Weiden die alte verklungene Klage darein. Fassen wir von diesen Eindrücken nur den Augenschein,
und lassen alles poetische Weiterdichten der Farben-
erscheinung beiseite, so dringt uns das „Malerische"
voll und rein zu Sinnen und unfehlbar, wie Saiten-
klang, zu Gemüte. —

Ein wenig höher gegriffen in der Kulturschicht,
und die echte historische Landschaft erschliesst ihr
Wesen.

Und R e m b r a n d t endlich, steht er nicht wie
der lebendige Gegensatz zu Rubens da?

Nicht die fertige Form in gedranger Fülle giebt
er, sondern die unfertige, hier in dürftiger Eckig-
keit, dort in verfallendem Zusammenhalt; nicht die
stolze Muskulatur, die eine Kraftleistung wie ein
Kinderspiel vollführt, sondern die welke Schlaffheit,
das ungleiche Gewächs, selbst die schwammige Kor-
pulenz; überall ein Entstehen oder Vergehen, Abhängigkeit und Bedingtheit alles Wesens, ein Her-

vorgehen aus dem Dämmergrunde oder ein Hinab-
sinken in die namenlose Tiefe. Dort im Dunkel
liegen die unbegreiflichen Mächte; ein Lichtstrom
weckt die Gebilde zum Leben und erhält sie darin
vor unsern Augen, bis sie entgeistert wieder verschwinden. Oder die Oberfläche webt sich, überzeugend mit all den Eigenschaften, die das Auge zu
tasten meint, zu fühlbarer Leibhaftigkeit zusammen,
und doch von Luft umgeben, von Schimmer über-
sponnen, ringsum untrennbar mit dem Zusammenhang der Dinge verquickt. So Bildnisse einzeln und
verbunden, so ganze Scenen aus irgend welchem
geschichtlichen Vorgang, so Erscheinungen heiligsten
wie profansten Inhalts, so endlich — und fast am
wunderbarsten — die Landschaft. Da ist Nichts in
festem eigenwilligem Beharren, sondern Alles im
Werden und Zerrinnen, im Wechsel des Augenblicks
erfasst, wie das Land, das Ebbe und Flut verwandelt,
das im feuchten Niederschlag des Morgens, im
Sonnenduft des Tages, in den Schatten der Nacht
so auf als unter taucht, sich hier aus dem Allgemeinen losringt und dort wieder darin auflöst, ehe
wir seines Endes oder seines Anfangs inne werden.

Das ist das Malerische, die Einheit zwischen
Körperlichem und Räumlichem, die nur im Bilde
sich geben lässt. Und es ist bezeichnend, hier
kommt es zur Erscheinung, gleichviel, ob in saftigen
Farben glühend oder aus bräunlich grauem, wir
möchten sagen farblosem Nebel geballt. Selbst da
noch, wo die feste Form zerronnen, jede bestimmte
Linie auf der Malfläche vernichtet ist, feiert die

Malerei als Kunst mit Hell und Dunkel ihre Triumphe.
Gleich gut, ob mit diesen duftigen Tönen noch der
Eindruck einer Bewegung erreicht werde, ob Wolken-
massen sich drängen und schieben, oder nur ein
Nebelstreif zwischen Himmel und Erde in träger
Lage hängen bleibe, ob stärkere Gegensätze von
Schatten sich vertiefend darunter legen, oder gleich-
mäfsige Helligkeit ohne jede weitere Ausdehnung
sich über die glatte Oberfläche breite: — Eins ist
immer noch gegenwärtig, ein Ausschnitt aus dem
Unendlichen, der sich fürs Auge, das innere jedenfalls, zum All erweitert und die Seele aufnimmt, —
die Stimmung, die den Maler erfüllte, als er diese
nicht so leicht, so körperlos, so raumlos, und doch
Töne wesenlos auf die Fläche gehaucht.

Auch dies ist ein B i l d , und die Kunst, die es
geschaffen, keine andre als die M a l e r e i.

Für die Entdeckung des Malerischen liegt grade
darin die Bedeutung Rembrandts, dass er nach mancherlei früheren Versuchen die letzte Einheit zwischen
Körpern und Raum im L i c h t e selber findet, und
in der Beleuchtung und Färbung, in der Abstufung
des Helldunkels nur Wirkungsweisen seiner Tätigkeit sieht, auf deren Vorhandensein überhaupt jede
Erscheinung für unser Auge beruht. Er weiss, dass
alle diese Modifikationen, in denen das Licht in der
Wirklichkeit erfasst zu werden pflegt, ebensoviel
Mischungen seines eigensten Wesens mit den Äusserungen der stofflichen und räumlichen Natur der
Dinge sind, und versucht es deshalb, die malerische
Potenz des Lichtes auch frei von diesen Hemmnissen

zu verfolgen, soviel ihm die technischen Mittel der
Kunst dies irgend erlauben. Er dankt diese Einsicht
in das Wesen und diesen Anreiz zur Verwertung des
Lichtes gewiss zum grossen Teil der gleichmäfsigen
Beschäftigung mit der Radiernadel neben der ein-
farbigen und vielfarbigen Malerei mit dem Pinsel.
Denn er handhabt eine Reihe von Unterschieden,
die nur so ihre Erklärung finden. Er weiss, wie
stofflich die Ölfarbe wirken kann, wenn sie zäh-
flüssig und teigartig aufgesetzt, hier geglättet, dort
rauh, zur Wirkung auf das Auge wenigstens noch
Anklänge an die Wirkung auf andre Sinne hinzu
gewinnt. Da wird die bildliche Erscheinung gleichsam mit allen Banden unsrer derberen Sinnlichkeit
ins leibhaftige Vorhandensein hinein gezogen. Ge-
ruch und Geschmack scheinen mit den mannichfaltigen
Erfahrungen des Tastsinnes zu konspirieren, dass
sich das Bild nicht loslöse aus dem fühlbaren Zusammenhang. Der Augenschein durchdringt sich
mit pulsierendem Leben aus den dunkeln Regionen
des Unbewussten, trübt sich mit dem Dunst organischen Stoffwechsels und täuscht unsre Nerven mit
Analogieen der Empfindung, die nur zu leicht den
Zuwachs an Genuss auf Kosten der ästhetischen
Freiheit bestreiten. Er weiss, was diese Seitenblicke
auf die Oberfläche der Leinwand, auf die Textur des
Farbkörpers und die Geheimnisse der Technik bedeuten; denn er fordert sie heraus, wo er mit ihnen
rechnen will, und beseitigt die materielle Grundlage,
wo er sie nicht will, bis zu einem Hauch, zum völlig
ungreifbaren Schein. Er kennt die Natur der Farben:

wie viel die Eigentümlichkeit des Innern, der Charakter jedes Stoffes sich in ihnen offenbart; wie viel also auch sie schon, durch den Eindruck auf unser Auge, uns hineinziehen in die Befangenheit materiellen Lebens, unwillkürlich und unbewusst mit ihrem Zauber auch die andern Sinne bestricken, dass das Gefühl sich nicht aufschwingt aus Erdenschwere und Alltagsbrodem. Deshalb streift er anderswo die eigne Auswal der Farben, die jeder Körper vom allgemeinen Licht erhascht und aufsaugt, den ganzen farbigen Schein der Dinge ab, als ebensoviel Verführungen des reinen Schauens in die niedre Sinnlichkeit, begnügt sich mit dem einen unentbehrlichen Pigment, das zur Herstellung des Helldunkels ausreicht, um dem Zauber des Lichtes, das alle Stofflichkeit auflöst und aller Schranken der Räumlichkeit spottet, allein nachzugehen. So wird ihm die Bildfläche zum freien Spielraum seiner malerischen Phantasie. Eine Fessel der Wirklichkeit nach der andern gleitet herab von ihren Schwingen, nur Erinnerungsbilder tauchen auf, das Abbild, das vor uns steht, zu beleben, und führen uns unvermerkt aus dem Reich der Anschauung hinüber in das der Vorstellung, der Poesie.

„Ein solcher Künstler will keine andern Darstellungsmittel als Hell und Dunkel," bekennt Max Klinger in eigenster Angelegenheit. „Er will an die Farbe oft erinnern, aber nicht sie übersetzen. Er weiss, dass die wirkliche Farbe eben jene geistige Welt zerstören würde", die unter allen Künsten nur seine Kunst „allein mit der Kunst der Poesie gemein hat".

Das eben ist es. Was er von einem Kupferstich Dürers sagt, können wir genau mit dem selben
Recht und gewiss auch ohne Einspruch von einer
Radierung Rembrandts und zugleich von einem ein-
farbigen Gemälde seines Pinsels sagen. „Er wurde
durch seine Empfindung in eine Welt geführt, farbiger
vielleicht, als die reale um uns. Doch so wechselnder, so unkörperlicher, so mit der Wandlung der
Vorstellung veränderlicher Art sind die Farben jener
Welt, dass, wenn auch er selbst mit seinem innern
Auge sie sah, dennoch die äussern Mittel nicht aus-
reichten, sie festzuhalten. Nur die Form, die Handlung, die Stimmung sind ihm fassbar. Denn die
Farben, über die er verfügen könnte, würden seine
Phantasie (und unsre, der Betrachter, Phantasie erst-
recht, — dürfen wir hinzufügen) auf d i e s e w i r k -
l i c h e W e l t z u r ü c k f ü h r e n. Eben diese jedoch
überwand er."

Seine monochrome, sozusagen farblose Kunst
ist es, die „jene Eindrücke unberührt von unserm
Alltagssinn festzuhalten vermag". — Und noch eine
andre Stelle, die Max Klinger in Bezug auf Rembrandts Radierungen geschrieben hat, möchte ich
wörtlich hier herbeiziehen, da sie unmittelbar unsre
Betrachtung zu dem entscheidenden Punkte weiter-
führt, auf den es uns ankommt.

„Der Kunstgriff Rembrandts, im vollen Lichte
stehende Figuren kaum mehr als leicht umschrieben,
einem voll und tief modellierten Hintergrund, einem
Schattenteil mit durchgearbeiteten Figuren und de-
tailliertester Umgebung entgegenzustellen, giebt eine

Lichtwirkung, die der (farbigen) ‚Malerei‘ immer
verschlossen bleibt. Wir empfangen den Eindruck
des leuchtenden Sonnenscheins. Ist aber wegen der
Ungleichheit der Durchführung Rembrandts Blatt
weniger fertig? Ist diese leichte, gleitende Behandlung des beleuchteten Teiles nicht vielmehr eine
geistvolle Interpretation des Lichtes?“

Gewiss, — eine geistvolle Interpretation des
Lichtes, — wie so manche mit der selben Freiheit
hingesetzte Arbeit seines Pinsels auch, gleichviel, ob
das Publikum oder die Galeriedirektion das Bild als
„fertig“ oder „unfertig“ bezeichnen mag. Ein Bild
ist nach unserer Definition auch das farblose (un-
vollendete oder fertige) Gemälde ebenso, wie das
radierte Blatt, in welchem Zustand immer, — eine
Darstellung von Raum und Körper auf der Fläche.
Das „Bild“ aber haben wir als Eigentum der Malerei
in Anspruch genommen, im Unterschied von der
Körperbildnerin Plastik und der Raumgestalterin
Architektur. Wir fassen Rembrandts künstlerische
Betätigung als einheitliche Äusserung auf, jemehr er
uns zur Entdeckung des Malerischen im höchsten
Sinne vorgedrungen scheint.

Hier aber glaubt Max Klinger eine Gränze ein-
schieben zu müssen, die seine „Griffelkunst“ oder
Zeichnung, wie sie durch Dürers Kupferstiche und
Rembrandts Radierungen vertreten wird, von der
eigentlichen „Malerei“ im engern Sinne trennt und
uns nötigt, diese neue Errungenschaft der modernen
Kunstentwicklung als eine besondere, völlig selb-
ständige Kunst anzuerkennen, „welche eigene Ästhetik

und eigene künstlerische Interessen beansprucht". —
Freilich lauten seine Begriffsbestimmungen von Bild,
Malerei auch völlig anders als die unsrigen, und
darin sehen wir eine einseitige, nicht ohne Willkür
aufrecht erhaltene Konstruktion. Eine Grundeigen-
schaft bleibt ja wol unangetastet als gemeinsame für
beide, seine „Griffelkunst" wie seine „Malerei" bestehen: sie geben uns Darstellungen auf der Fläche;
ihre Arbeiten sind ebenflächig, haben also wichtige
Bedingungen und deshalb auch ästhetische Gesetze
miteinander gemein, die sie von jenen andern
Künsten unterscheiden, von denen Klinger sie stel-
lenweis ebenso wenig zu sondern weiss wie Lessing
in seinem „Laokoon", dem er darin gefolgt ist.

MALEREI UND ZEICHNUNG

„Das Wesen der Malerei definiere ich so,“
schreibt Max Klinger: „Sie hat die farbige Körperwelt in harmonischer Weise zum Ausdruck zu bringen.“
— „Die Einheitlichkeit des Eindrucks zu wahren,
den sie auf den Beschauer ausüben kann, bleibt ihre
Hauptaufgabe, und ihre Mittel gestatten zu diesem
Zwecke eine ausserordentliche Vollendung der Formen,
der Farbe, des Ausdruckes und der Gesamtstimmung,
auf denen sich das Bild aufbaut.“
„Die eigentlichste Aufgabe der Malerei als solche
bleibt immer das Bild.“ Es liegt uns fern, an diesem
Wortlaut zu mäkeln. Aber was ist nun ein „Bild“?
„Rein durch sich wirkend, von Raum und Umgebung
unabhängig“, — (er meint also das farbige Tafel-
bild, das durch seinen Rahmen aus seiner örtlichen
Umgebung herausgehoben wird, also beliebig von
einem Platz zum andern versetzt werden kann) —
„hängt sein Reiz ausschliesslich von der Benutzung
und der Bewältigung seines wunderbar ausbildungs-
fähigen Materials, seines die ganze sichtbare Welt
umfassenden Stoffes ab, welche sie in allen Er-
scheinungsformen mit vollständiger Klarheit und Tiefe
wiederzugeben vermag.“
„Malerei beschränkt sich für uns auf den Begriff
Bild. — Der Wert dieses in sich abgeschlossen sein
sollenden Kunstwerkes beruht, wie gesagt, auf der

vollendeten Durchbildung von Form, Farbe, Gesamtstimmung und Ausdruck. Jeder Gegenstand, der so
behandelt ist, dass er diesen Forderungen entspricht,
ist ein Kunstwerk. Ausserhalb jener Forderungen
bedarf es keineswegs noch einer Idee."
Wir haben auch unsrerseits durch die Definition
des Bildes als Vereinigung von Körper und Raum
auf einer Fläche wol nicht den Verdacht erregt, als
legten wir besonderes Gewicht auf die „Idee", die
Klinger hier abweist. Wir könnten sogar den Einfall, die beiden Bestandteile der Wirklichkeit, Körper
und Raum, ihrem Augenschein nach auf die Fläche
zu bringen, sie als Einheit gleichsam einzufangen,
schon an sich als „Idee" der Malerei bezeichnen,
die ihrem Treiben Wert genug verleiht. So weit
wäre also eine Verständigung mit Klinger möglich,
der seine „Malerei" nur auf solche Darstellung mit
vollen Farben beschränken will.
Wenn er aber bei andrer Gelegenheit erklärt
(S. 29): „Die Malerei stellt jeden Körper eben nur
als solchen, als positives Individuum, das als abgerundetes, vollendetes Ganze ohne Bezug nach
aussen für sich existiert, dar," — so fürchten wir
eine Verwechslung mit der Plastik, der wir unsrerseits diese Aufgabe als Körperbildnerin gestellt, und
müssen dagegen Einspruch erheben, wie oben gegen
Wölfflins Verwechslung der Skulptur mit der Baukunst, als „Kunst körperlicher Massen".
Klinger selbst weiss es besser, d. h. dass die
Malerei gerade nicht jeden Körper eben nur als
solchen, als abgerundetes vollendetes Ganze ohne

Bezug nach aussen, für sich existierend darstellt, wie
die statuarische Kunst, sondern dass sie grade ein
Stück Welt, d. h. den Zusammenhang des Körpers
oder der Körper mit ihrer Umgebung zu erfassen
sucht. „In diesem Umfassen und Sehen, in diesem
Nachgehen und Nachfühlen alles Geschauten, der
lebendigen Form sowol wie der toten, und in der
Kraft, das All in seinen wunderbaren Wech-
selbeziehungen nachleben zu können, liegt der
Zauber des Bildes." Wir könnten sagen, darin besteht
„die Idee des Malerischen". — „In diesem Aufgehen
erlangen wir das, was wir im Leben umsonst suchen:
ein Geniessen, ohne geben zu müssen, das Gefühl
der äussern Welt ohne körperliche Berührung."
    Das ist es, die Seele der Malerei ist das Welt-
gefühl, das dem Menschen aufgegangen, wie wir
das Selbstgefühl als die Seele der Plastik bezeichnet
haben. Die Kunst der Malerei bedeutet ein Hinausgehen über die eigene Körperlichkeit und den be-
schränkten Umkreis der Erfahrungen am persönlichen
Leibe. Sie ist eine Erweiterung von den Errungenschaften der Tastregion als Grundlage zu dem weiteren
Horizont des Gesichtsraumes, der unsre ganze Aussenwelt umspannt. Sie geht darin auch noch über die
andre Erweiterung, die Architektur, hinaus, die vom
menschlichen Subjekt als Raumgestaltung vollzogen,
von den Gränzen der Tastregion, durch die Erfahrungen der Ortsbewegung hin, zu jenen Gränzen
vorschreitet, wo unsere Umschliessung gegen die
fremde Welt beginnt, sozusagen bei der Innenseite dieser Gränze Halt macht. In dieser Raum-

umschliessung wirken dann die Ausschnitte, die Fenster
und Türen mit dem Blick ins Freie, wie Bilder, —
eben wie Ausschnitte aus der Welt.[1])
Da draussen liegt die Wirklichkeit für unsre verschiedenen Sinne. Sie wartet uns entgegen, dass wir
unsre Werkzeuge der Wahrnehmung ansetzen, um dann
erst für uns zur vollen Gegenwart zu werden, mögen
wir tastend, wandelnd oder schauend die Erfahrungen
verfolgen. Je weiter sich unser Gesichtskreis in die
Ferne dehnt, desto mehr gehen Körper und Raum
zusammen, verschmelzen einen Teil ihrer Unterschiede
in die Flächenerscheinung; Körperlichkeit und Räumlichkeit wirken da nur noch als Fernbild, in dem
die Unterschiede der Farben und der Beleuchtung
ihre Stärke behaupten. Je nach der Luftschicht, die
zwischen uns und jenem Hintergrunde lagert, ver-
schwimmen gleich den Formen und Distanzen der
Dinge auch ihre besondern Färbungen, und zuletzt löst
sich auch die Abstufung des Lichtes und der Schatten
in ein Helldunkel auf, das alle Gegenstände verhüllt,
nur noch als Glanzgeflimmer hier, als Dämmerschein
dort oder als undurchdringliche Finsternis empfunden
wird: nichts Konkretes mehr. Das Sehen hört auf,
uns bestimmte Gegenstände erkennbar zu zeigen, es
vermittelt nur noch Stimmungen, Tönung zwischen
Hell und Dunkel oder zwischen den Gränzen unsrer
Farbenskala, — Farbentöne, wie wir sagen, weil das
Stoffliche, Objektive mit der selben Unmittelbarkeit

---

1) Das Malerische in der Baukunst soll an andrer Stelle in
diesen Beiträgen zur Ästhetik der bildenden Künste erörtert werden, ebenso wie das Malerische in der Plastik.

ins Seelische, Subjektive umschlägt wie Klänge der
Musik, der einzelne Ton als Erlebnis. Gemüts-
stimmungen und Gemütsbewegungen bemächtigen
sich unseres Innern, bis das unbestimmte Schweben
sich durch Vorstellungen befruchtet, mit Erinnerungsbildern und Ideenverbindungen sich bevölkert, nur
von Innen her, aus dem nimmer ruhenden Schofs
der Phantasie geboren.

So sind Helldunkel und Farbe, Körper und
Raum nur relative Werte, die zwischen unseren Sinnes-
organen hier und dem Quell des Lichtes dort zum
Austrag kommen. Und es ist nicht abzusehen, weshalb es mit Farbe und Helligkeitsgraden nicht eben so
stehen sollte wie mit Körpern und Raum, die erst
alle miteinander, in bestimmter Intensität, die volle
Wirklichkeit für uns ausmachen, in abgegränzter
Skala ihre Wirkung auf unsre Organe steigern können
oder herabmindern, jenseits des einen oder des andern
Endpunktes aber ihre Kraft versagen. Ein mannich-
faltiger Wechsel, ein Reichtum der Erscheinungen
entsteht durch die Kombination der Faktoren in ver-
schiedener Ausdehnung oder Intensität, durch das
Zurücktreten oder Verschwinden des einen zu Gunsten
eines andern.

So auch in den Künsten. Die Plastik schafft
Körper in vollster Bestimmtheit und verzichtet auf
den Raum daneben; die Architektur gestaltet grade
die räumliche Umgebung und greift zu den Körpern
nur, um sie diesem Zwecke dienen zu lassen; die
Malerei greift nach beiden Bestandteilen zusammen,
ein Bild der Welt zu geben, indem sie zunächst

der dritten Dimension entsagt. Allen dreien gehört
die Farbe, mag sie sich hier an Körpern, dort im
Raume zeigen; aber alle drei können auch auf dieses
Ingrediens der Wirklichkeit verzichten, wie es jeder
von ihnen schon unter den Händen sich verwandelt.[1]
Polychrome Architektur und ihr mehr oder minder
neutrales Gegenteil, einfarbige und mehrfarbige Plastik,
monochrome und naturfarbige, ja willkürlich polychrome Malerei stehen einander gegenüber, nicht
sowol als ausschliessende Gegensätze, sondern vielmehr als Verhältniswerte einer mannichfaltig ver-
schiebbaren Stufenfolge.

Sprechen wir nur vom Standpunkt der Kunst,
die Körper und Raum auf der Fläche darzustellen
trachtet, so ist das Licht die unentbehrlichste Voraussetzung, die erste und die letzte Instanz des Augen-
scheins. „Zwischen den ruhenden und bewegten
Massen der Natur eilen die Schwingungen elastischer
Stoffe, aus denen Licht und Klang entspringen, als
die zartesten und gelenkesten Vermittler gegenseitiger
Beziehungen hin und her. Es dauert lange, ehe die
Kräfte, die in der Natur gewöhnlich tätig sind, auseinander gelegene Körper zu einer neuen Wechselwirkung zusammenführen. Ohne jene lebendigen
Wellenbewegungen würden sie nur eine kümmerliche
Gemeinschaft haben, aber die Eigentümlichkeiten des
einen, sowol seine äussere Gestalt als die Form
seines innern Zusammenhanges, sowie die Natur

1) Vgl. die treffliche Ausführung von Guido Hauck, Preuss.
Jahrb. 1885.

seiner Bestandteile würden für die übrigen grössten-
teils wirkungslos verloren gehen. In dieses Chaos
der Massen bringen die Wellen des Lichtäthers einen
eigenen Zusammenhang. Durch die Auswahl der
Farben, die es zurückwirft, der andern, die es durch-
lässt, deutet jedes Ding die Eigentümlichkeit seines
Innern an. Den ungleichartigen Zustand seiner Bestandteile verrät seine Trübheit, die gleichförmige
Stetigkeit der innern Anordnung seine Durchsichtig-
keit.[1]) So wird das, was jeder Körper für sich war,
schon durch seine farbige Erscheinung eine Wirklichkeit für die andern. Ohne Zweifel, wo die Farbe
auftritt, verkündet sie ein System materiellen Lebens.
Es ist das Stoffliche, das uns in dieser sinnlichen
Offenbarung in den Bannkreis körperlichen Daseins
hineinzieht. Sie wirkt überzeugender, zwingender
als manche andre Eigenschaft des Dinges auf unser
Wirklichkeitsgefühl. Und dadurch legt sie dem
Maler, der sie nachahmt, überall „den strengen,
nicht abzuwerfenden Zaum der Naturbedingungen
auf, an denen, allgemeingiltig wie sie sind, allgemein
anschaulich wie sie im Kunstwerke sein müssen, nicht
zu rütteln ist."[2])

Aber die Rechnung kann absichtlich und von

1) Vgl. Lotze, Mikrokosmos II, 189 und das ganze bekannte
Kapitel über die menschliche Sinnlichkeit.
2) Klinger a. a. O. Man vergesse aber auch nicht die Un-
möglichkeit voller Naturwahrheit, die Beschränktheit der Palette
gegenüber dem Sonnenlicht und seinen Farben, von der z. B. Helm-
holtz in seinen populären Vorträgen „Optisches über Malerei" entscheidend gehandelt hat.

vornherein verschoben werden, und zwar nach zwei
Seiten, durch erklärte Abweichung von der Natur.
Nach der einen Seite liegt der Verzicht auf die Farbe
als Ingrediens der Wirklichkeit, von der Abschwächung
der natürlichen Farben des Gegenstands, bis zur
Farblosigkeit, zur Beschränkung auf das unentbehr-
liche Pigment, ohne welches überhaupt kein Abbild
auf die Fläche gebannt werden kann. Nach der
andern Seite liegt die Veränderung der Farbe, die
Aufhebung der natürlichen Erscheinung und ihr
Ersatz durch einen andern ebenso starken oder gar
noch stärkern Farbenwert, die willkürliche Farbe bis
zur völlig freien, nur künstlerisch berechneten Polychromie.[1]) So haben wir auch den Übergang von
der Malerei im eigentlichen Sinne zur Dekorations-
malerei und Ornamentik, wie zur monumentalen
Wandmalerei, als Raumkunst im Sinne Klingers, sogleich angebahnt. Und wenn er nach dieser Seite
die Malerei in drei Kategorieen teilt, da sie als Bild-,
als Dekorations- und als Raumkunst ihre Ästhetik
wechselt, weshalb soll als vierte Kategorie nicht die
Zeichnung oder Griffelkunst hinzutreten und auch,
trotz Abweichungen ihrer Ästhetik, immer noch zur
Malerei gehören?

---

1) Ich betone dies Recht der Kunst ausdrücklich z. B. gegen
E. du Bois-Reymond, der in seiner Rede „Naturwissenschaft und
bildende Kunst", 1891 dies freie Verfahren des Menschengeistes
beanstandet, als wäre die Kunst nur Kopistin der Natur mit dem
Anspruch auf objektive Wahrheit im Sinne des Naturforschers.
Vgl. Schmarsow, Die Engel des Melozzo da Forli. in Westermanns
Illustrierten Monatsheften, 1893.

Der Verzicht auf die Farbe als „eines der un-
erlässlichsten Teile des Gesamteindruckes, den die
Natur auf uns macht", ist nicht der einzige Unterschied der Zeichnung von der Bild-Kunst oder der
Malerei in engerem Sinn. Sie teilt diesen Unterschied mit der farblosen Skulptur, ganz besonders
mit dem Marmorrelief, dem ebenso die Flächen-
vorstellung zu Grunde liegt. Und ohne Zweifel entwickelt sich aus dem gleichen Verzicht gar manche
verwandte Folgerung, um so mehr als zur Wahl des
weissen Marmors schon verwandte Motive mitgewirkt
haben, wie beim Verzicht der Griffelkunst auf einen
Bestandteil der natürlichen Wirklichkeit. Mit dem
W e s e n   d e r   K ö r p e r b i l d n e r i n werden wir deshalb freilich die Zeichnung nicht verwechseln. Wol
aber nähert sich das Verhältnis beider Künste in der
W i e d e r g a b e   d e s   K ö r p e r s ungemein. In Zeiten,
wo das Interesse der Malerei an plastischer Schönheit der Gestalten überwiegt, wird die gleiche Ten-
denz des Kupferstichs oder Holzschnitts auch den
Wetteifer mit der Skulptur unverkennbar zu Tage
fördern. Man denke an Dürer und die Kleinmeister,
an Mantegna und Marc-Anton, aber auch an Rubens
und die Stecherschule, die ihm folgt. Sie alle trach-
ten darnach, über die Körpererscheinung vor allen
Dingen vollständige Rechenschaft zu geben, jeden
Punkt der geschlossenen Form aufzuklären und die
organische Schönheit der Geschöpfe möglichst unabhängig von andern Bedingungen zum Gefühl zu
bringen. Wo die Farbe nicht mitwirkt, unsern
Glauben an die Lebensfähigkeit und Vollgiltigkeit

des Gewächses zu stärken, da muss die Klarheit und
Ausführlichkeit der Modellierung in Hell und Dunkel,
in Weiss und Schwarz ergänzend m e h r leisten für
unsre Auffassung als im natürlichen Vorbild selber.
Mantegnas Clairobscurgemälde, wie Samson und Dalila
in London, sind nicht Reliefimitationen, wie sie bei
Correggio wol vorkommen, sondern Übungsstücke, in
denen er die Konsequenz des Problems, die Einheit
zwischen Körper und Raum in deren Gestaltung allein
herauszubringen, aufs Äusserste treibt. Wo mehrere
Körper in einem Raum, sei er auch noch so allgemein gehalten, vereinigt werden, da bedarf es
selbstverständlich der Auseinandersetzung zwischen
den einzelnen Körpern ebenso sehr, wie der Ver-
mittlung zwischen allen in durchgehendem Bezug zu
einander.

Aber die entwickelte Kunst, die das eigentlich
Malerische in der Einheit zwischen Körper und Raum
zu erfassen lernt, die das besondere Wesen des
Bildes in der Wechselwirkung der Einzelwesen und
ihrer Umgebung versteht, sie schaltet natürlich mit
völlig andrer Freiheit auch im farblosen Bilde, sei es
Holzschnitt, Kupferstich oder Radierung. Es giebt auch
in der Behandlung und Betonung des Körperlichen
eine mannichfaltige Abstufung, wie in der Wiedergabe der Farben selbst, von dem ganzen ungebroche-
nen Lokalton bis zur harmonischen Abstimmung mit
den Nachbarn im selben Rahmen und zur absichts-
vollen Variation im Dienst eines höheren Zieles.
Nicht selten wird die Abrechnung zwischen beiden
Faktoren, Körperbildung und Farbengebung, mit

relativen Werten zu Stande kommen, — d. h. eine
Ausgleichung zwischen beiden Reihen, die sich gegen-
seitig bedingen, hier verstärken oder abschwächen,
dort ergänzen und abwechseln. Mit der Bestimmtheit oder Unbestimmtheit der
Gestaltung, der Figuren etwa, hängt aufs Innigste
die Darstellung des Raumes zusammen. Auch da
ist die Verwandtschaft mit den Bedingungen des
Reliefs und der Freiskulptur auf der einen Seite und
der farblosen Malerei und Griffelkunst auf der andern
einleuchtend und lehrreich genug. Die Freiskulptur,
die den umgebenden Raum der Statue nicht mit
zum Gegenstand ihrer künstlerischen Behandlung
macht, sondern durch allseitige Isolierung der Körperform möglichst jede räumliche Beziehung abschneidet,
ist in der selben Lage wie die Griffelkunst, die eine
vollständig durchgeführte Gestalt auf den neutralen
Grund ihres weissen Blattes setzt. Die einfachste
Andeutung einer hinten aufsteigenden Fläche, tektonische Elemente, die den Schein einer Mauer er-
regen, genügen, wie bei der attischen Grabstele, das
Gefühl des Haftens am Grunde, der Bedingtheit durch
aussen waltende Gesetze, wach zu rufen. Der fast
leere Hintergrund dagegen verselbständigt die Figur,
lässt sie von örtlichen und deshalb auch zeitlichen
Bedingungen unabhängig erscheinen, erhöht also
ihre absolute Bedeutung. Ein unbezeichneter neutraler
Hintergrund kann „die ganze Welt" bedeuten, welcher
geistige Inhalt auch immer im Wesen der Figur aus-
gedrückt sei. Keine Folie ist auch eine Folie; es
macht aber einen radikalen Unterschied, ob sie der

Gestalt unter die Füfse gelegt ist oder als Halt in
ihrem Rücken oder als Koulisse ihr zur Seite steht.
Enger Zusammenhang dagegen zwischen dem Schau-
platz und den Figuren fordert die gleichen Grade
der Durchführung hüben und drüben. Perspektivische
Strenge degradiert die Personen zu gleichwertigen
Bestandteilen mit den raumschaffenden Stücken der
Örtlichkeit. Wenn aber bei der farbigen Darstellung jede
Stelle des Bildes ihren Anteil am Ganzen behauptet
und genaue Rechenschaft verlangt, wie viel sie zum
Aufbau des Gesamteindruckes beiträgt, so bleibt dem
graphischen Künstler viel freierer Spielraum. Seine
Zeichnung kehrt in der Ausführung oder Andeutung
mit vollem Bewusstsein zu der Machtvollkommenheit
zurück, deren sie sich zu Zeiten unentwickelter An-
sprüche in naiver Unbefangenheit erfreute. Wie in
den Psalterillustrationen des frühen Mittelalters bringt
sie zahlreiche Momente der Erzählung, unbekümmert
um die Einheit des Ortes und der Zeit auf ein und
dasselbe Blatt. Willig gleitet die Betrachtung der
einzelnen Scenen aus der Landschaft in das Gemach,
aus der Strasse auf das Meer hinaus, anerkennt einen
Abgrund, der Erdteile scheidet, unter der zierlich
geschlängelten Ranke, die von einem Mittelpunkt
zum nächsten lockt, und erlebt in der Abtönung
kräftiger Schwärze zu zartestem Umriss den Ablauf
einer langen Spanne Zeit oder das traumhafte Hinein-
ragen einer Ahnung, eines Überirdischen in die leibhaftige Gegenwart. Das heisst, der Zusammenhang
zwischen den Bestandteilen des Bildes wird nicht

mehr im Augenschein selber, also sinnlich sichtbar gesucht, sondern hinter der Erscheinung; er wird hinzugedacht. Damit rühren wir an die Hauptsache. Wo die Anschauung, die das Bild gewährt, das Verhältnis des Gegenstandes zur Welt nur andeutet, nicht erschöpft, wird desto williger die Phantasie ergänzen, und je wirksamer der Anreiz, desto lebendiger strömt der Lauf ihrer Vorstellungen weiter. Das heisst aber nichts anderes als: die anschauliche Kunst, von der wir reden, heisse sie nun Malerei oder Zeichnung, überschreitet die Gränze ihrer Nachbarin Poesie und rechnet nicht mehr mit ihren eigenen, sinnlich sichtbaren Mitteln allein, sondern in mehr oder minder beträchtlichem Grade mit Erinnerungsbildern, Bewegungsvorstellungen und anderm geistigen Besitz bis hinauf zu abstrakten Begriffen und Ideen.

„Der verlassenen Körperhaftigkeit dient die Idee als Ersatz," bekennt auch Klinger, und zahlreiche feine Bemerkungen über die „poetisierende" Kraft seiner Griffelkunst lassen keinen Zweifel darüber, dass wir uns völlig im Einklang befinden, wenn wir Rembrandt, als Dichter des Helldunkels, dem neuesten Bestreben an die Seite stellen. Nur freilich denken wir nicht an Rembrandts Radierungen allein, sondern auch an seine Gemälde, in denen er so oft Erscheinungen zu geben sucht, die gleichsam „jenseits der Farbe" liegen, und einen Inhalt auslöst, der jedenfalls erst jenseits der Anschauung seinen Wert empfängt.

MALEREI UND DICHTUNG

Darnach wäre die Zeichnung oder Griffelkunst vielleicht als Zwischenreich anzusehen zwischen Malerei und Dichtkunst, wie das Relief zwischen Malerei und Plastik sich ausbreitet und mannichfach vermittelt. Grade von der Ueberzeugung des Künstlers aus, dass jedem Material durch seine Erscheinung und seine Bearbeitungsfähigkeit ein eigener Geist innewohnt, der bei künstlerischer Behandlung den Charakter der Darstellung fördert und durch nichts zu ersetzen ist, — dass überall, wo bei Konception und Ausführung nicht diesem Geiste zu gearbeitet und gedacht wird, schon vor Beginn die künstlerische Einheit des Eindruckes in die Brüche geht, gerade von dem Standpunkte aus, „dass jedem Material nicht nur seine besondere technische Behandlung, sondern auch sein geistiges Recht zukommen muss", werden wir die Griffelkunst immer als Abzweigung der zeichnenden Künste, also der Malerei, der Bild-Kunst, ansehen, und nicht, als Schreiberin oder Graphik, eine Art Bilderschrift, zur Literatur, also zur Poesie zählen.

Als Augenschein, als anschauliches Bild wirkt sie zunächst auf den Betrachter. Wichtig aber wäre es zu beobachten, wo immer und wie weit ihre Wirkung über das sinnlich Sichtbare hinausstrebt, wo sie also dem poetischen Geiste ihrerseits schon entgegen-

kommt, wie sie der Phantasie, nicht allein des Beschauers in die Hände arbeitet, sondern schon des
Urhebers (in Konception und Ausführung) Züge verdankt, die ich „Anweisungen auf die Einbildungskraft" oder „Symbole des Vorstellungslaufes" nennen
möchte.

Gehen wir auch hier vom Technischen aus, so
sagt schon der Ausdruck „Gravure", dass der Process
gewisse Analogieen mit dem Stein- und Medaillen-
schnitt besitzen müsse, also eine Art „Miniaturbild-
hauerei" in beiden walte. Und der Vergleich des
Holzstockes mit seinen hervorstehenden, der Kupfer-
platte mit ihren vertieften Lineamenten muss die
Übereinstimmung mit der Reliefkunst, wenn auch
nur nach Goldschmiedsart, immerhin aufdrängen.
Aber das abgezogene Blatt, das wir Holzschnitt,
Kupferstich, Lithographie, Radierung u. s. w. nennen,
ist ein Bild, will als ebenflächig betrachtet sein, wie
ein Ölgemälde, und die raffinierte Rechnung mit
pastos aufliegendem Farbstoff, mit wirklich sich heraus-
hebenden Linien hier, oder sich zurückziehenden
Furchen dort, ist eine Ausschreitung — über die
ebene Fläche, das Blatt. Niemand wird das Bild,
dieses papiernen Materiales wegen, zum Schriftwesen
rechnen. Aber die Geisterlein, die darin wohnen,
machen sich doch geltend und treiben ihr Wesen
mit der Hand des Künstlers wie mit der des Liebhabers, und zwar mit dem selben Recht, wie die
Weichheit und der Glanz des Kupfers, wie der Zug
der Holzfaser. Wer hört sie nicht spöttisch lachen,
wenn ein schwammiges Gemüt sich in Sammetweiche

drucken möchte, wer sieht sie nicht verächtlich
herabschauen, wenn charaktervolles Holz mit eigen-
sinnigem Wachstum drin verschmäht wird und unsre
Schneiderseelen den Stock nur noch lind und nach-
giebig wollen, stockdumm, wie die Geister sagen.
Wenn aber erst Säuren mit scharfem Zahn dazwischen
nagen und mit gänzlich unqualificierbarer Zunge an
den zartesten Spuren künstlerischer Handschrift herum
lecken, da wird es mit Fug und Unfug nicht mehr
genau genommen. Niemand weiss mehr, wo der
Geist der Materie aufhört und die Tücke des Objekts
beginnt. Wo erst ausgefressene Ränder und Quet-
schungen im Druck den Ausdruck hervorbringen,
den Esprit des Meisters materialisieren oder den
Stumpfsinn der Plattennatur durchgeistern, da hat
auch wie bei allem Haut goût die Verwesung ihr
Recht. Unläugbar, jeder Tag in den Händen des
genussfüchtigen Liebhabers zerstört eine Staubschicht
materiellen Lebens, den Sammethauch der Seele,
jeder Tag auf dem Ladentisch des Kunsthändlers
legt eine Staubschicht modernen Lebens darüber und
der letzte Duft der technischen Herkunft entweicht.

Nicht minder neckisch regt sich die Poesie des
Materiales, wenn wir die Kehrseite des Bildes be-
sehen und erwägen, dass sie nur ein leichtes Blatt
weissen Papieres zu sein behaupten darf. Scherz
bei Seite! die leichtfertige Natur der Materie macht
sich geltend. Das wetterwendische Wesen des Flug-
blattes, das Umwenden und Blättern, das ungebundene
Herumtreiben solcher Abklatsche in Mehrzahl gar,
übt seinen Einfluss auf den Stil des Meisters, wie

auf den des Geniessers. Lose Blätter, flüchtige Boten.
Die Beweglichkeit in der Hand, die Schmiegsamkeit
in der Lage, der Wechsel in der Stellung der Bild-
fläche zum Betrachter wie zum Künstler, zum Auge des
Sitzenden, Stehenden, Liegenden, Vorübergehenden,
Verweilenden. Die Mannichfaltigkeit des subjektiven
Standpunktes fordert objektive Verschiebbarkeit;
leibliche und geistige Polveränderung spielen ihre
Rolle: — nur weil das Bild ein Blatt ist, federleichtes
Papier. Da gewinnt ein ganz andres Tempo die
Oberhand als beim Umschlagen der Pergamentblätter
eines Missale, eines Prachtkodex mit silbernen
Schliessen, der auf seinem Pulte ruht.

Der Verkehr mit solchen Blättern schon giebt
das sinnlich sichtbare Bild dem Lauf der Vorstellungen
anheim. Die Schnelligkeit der Folge, sei es dass
wir die Blätter wechseln, sei es dass wir darüber
hin träumen, nähert die Bedingungen ihres Wirkens
denen der Poesie, d. h. den Gesetzen successiver
Anschauung, in ganz überwiegendem Mafse.

Es fragt sich, wie weit das Bild diesem transi-
torischen Wesen unsres Auffassens Rechnung zu
tragen vermag, ohne mit seinem eignen Wesen als
Abbild simultaner Anschauung in einen Widerspruch zu geraten, der seine Existenzberechtigung
gefährdet.

Grundlegend ist die oben schon erörterte Aufhebung der Einheit des Raumes. Jedes in
vollen Farben durchgeführte Gemälde weist dem
Beschauer seinen Standpunkt an, sowie es innerhalb
des Rahmens die Räumlichkeit entwickelt. Schon

im alten Holzschnitt und Kupferstich empfinden wir den Fortschritt der Linearperspektive, die realistische Genauigkeit der Raumdarstellung nicht immer als Fortschritt· zu Gunsten des graphischen Bildes. Die strenge Verkürzung des Fussbodens unten, der Decke oben, das senkrechte Dastehen der Wände, der Pfosten, der Säulen mit horizontalem Gebälk, verträgt sich nicht wol mit andrer Haltung oder Lage des Blattes, als diese Koordinatenaxen zur Beruhigung unsres statischen Gefühls verlangen. Diese Konsequenz des Realismus wird bei losen Blättern, selbst im Buch schon, Befangenheit. Dürer lernt, aus dem Sinn seiner Darstellungen heraus, bereits feine Unterschiede verwerten: die „Apokalyptischen Reiter" verdanken ihre berühmten Vorzüge nicht zum geringsten Teil eben der Freiheit des Räumlichen. Das „Marienleben" ist besonders lehrreich durch den Wechsel der Scene und der Grade ihrer Bestimmtheit. Wie notwendig bedürfen wir der festgepfählten Gartenpforte beim Abschied Christi von seiner Mutter, um den Antritt des verhängnisvollen Weges auf der einen, das Zurückbleiben in ahnungsvoller Angst auf der andern Seite zu begreifen! Wo der Standpunkt des Betrachters sich leicht verändert, da mag der Schauplatz des Bildes sich ebenso verschieben, verwandeln, auf demselben Blatt sich hierhin und dorthin verlegen, ohne dass ein störender Widerspruch zum subjektiven Gefühl sich einstellt.

Wo die Einheit des Raumes aufgehoben, die Schilderung der Örtlichkeit je nach Bedarf abgekürzt oder ausgeführt werden kann, da gewinnt auch das

7*

Verhältnis der räumlichen Umgebung zum Figürlichen
darin eine mannichfaltige Stufenreihe von Möglichkeiten, in der sich die Werte der beiden Faktoren
in Gemeinschaft oder in Gegensatz bestimmen. Und
damit wieder hängt die Art der Gestaltenbildung
zusammen, die auf alle primitiven Vorstufen früherer
Entwickelung zurückgreifen darf und je nach der
Absicht des Ganzen von dem dürftigsten Symbol
zum Typischen und Individuellen hindurchdringt
oder von der objektiven Naturwahrheit wieder zur
subjektiven Auffassung des zufällig Erscheinenden
oder zum freien Spiel der Künstlerlaune hinüber
schweift, die mit dem Bilderschatz der Wirklichkeit
dichterisch schalten und walten mag. Auch hier
zeigt sich der Übergang des Bildes aus der simultanen
Anschauung in die successive sehr deutlich darin,
dass das plastische Interesse am Körper zurück-
tritt und das mimische den Vorrang beansprucht.
Nicht mehr die organische Schönheit wird genossen
und herausgearbeitet, sondern die Gestalt sinkt zum
Träger eines seelischen Ausdrucks oder einer ausgreifenden Tätigkeit herab, so dass nicht der ganze
Leib in allseitiger Ausbildung, sondern nur der
Apparat der Körperbewegung hier oder das Antlitz
mit seinem Mienenspiel da Bedeutung hat. Darin
gipfeln auch meines Erachtens die feinen Beobach-
tungen Klingers über den Wert des Konturs und
dessen Ausbeutung im Sinne der Bewegung und
des Rhythmus. Es ist ein Process der Durchgeisti-
gung, der Entkörperung.

„Der Kontur," schreibt Klinger, „die älteste

Zeichnungsform, überhaupt vielleicht die älteste Form
der bildenden Künste, betont die Handlung . . ."
Darin steckt für mich die ganze Zurückführung auf
das Mimische, die ich meine. Als älteste Form der
bildenden Künste können wir nur die Bildgebärde
ansehen, die den Umriss des Dinges oder den cha-
rakteristischen Zug seiner Bewegung in die Luft
malt. Das ist aber schon zweierlei, wie Substantiv
und Verbum, das Erste geht auf die Sache, meint
das Ganze zu fassen, das Zweite geht nur auf die
Lebensäusserung, Bewegung, Tätigkeit. Das Erste
befriedigt das plastische, das Zweite das mimische
Bedürfnis. Dort entwickeln sich die Abbildungen
für simultane Anschauung, hier die Mitteilungen in
Gebärdensprache und ihrer Verbindung mit dem
Ton und dem artikulierten Laut. Deshalb ist es
auch nicht ganz richtig, wenn Klinger meint, der
Kontur überhaupt betone die Handlung. Nicht der
Schattenriss des Kopfes oder der sitzenden Geliebten,
der das Ganze will, sondern nur das Profil, womöglich
vom Scheitel bis an die Sohlen, das die zusammen-
gehende Haltung aller Gliedmafsen gleichsam heraus-
holt, also an die Bewegungsvorstellung appelliert,
hat diese Kraft. Die volle Durchführung in runder
Körperlichkeit und naturgemäfser Farbe lenkt die
Aufmerksamkeit so stark auf die ruhige Existenz,
dass die nämliche Stellung der Gliedmafsen zur Geste
oder Pose wird, d. h. in sich so zu sagen erlahmt.
Aus der aktuellen Energie sinkt die Erscheinung
zum Situationsbild herab. Der Mangel an leiblicher
Fülle dagegen, die Gestrecktheit der Arme und

Beine, die Reduktion auf die entscheidenden Merkmale, die schon das Skelett oder der Gliedermann
aufweist, sie machen die Vorzüge der ägyptischen
Figuren aus, die so sprechend die typische Haltung
bei gewohnter Tätigkeit vor Augen stellen. Darauf
beruht auch die „lächerliche" Lebendigkeit der ägyptischen Konturen „storchähnlicher Vogelgruppen",
die Klinger erwähnt, so dass man „auf den ersten
Blick eine Bewegung zu sehen glaubt". Nicht minder
erklärt sich aus demselben Princip „die ausgesprochene
Vorliebe für stärkste Bewegungen" auf griechischen
und etruskischen Vasenbildern, bei denen übrigens
die Rundung des Gefässes und seine Drehung beim
Anschauen oder die Ortsbewegung des Betrachters
ausserdem ihren Einfluss üben. Wenn die dunkelfarbigen Wilden für ihre Tänze weisse Linien auf
den Körper malen, um die Stellung der Gliedmafsen
zu einander auch bei Nacht im unbestimmten Schein
des Feuers hervortreten zu lassen, so wissen sie
genau, worauf es bei solcher Mimik ankommt. Ein
umgekehrtes Verfahren befolgen wir Weissen bei
unsern Schattenbildern, indem wir die Gestalten in
Profilansicht gegen die Leinwand werfen, d. h. von
aller Farbe, ausser dem einfachsten Kontrast in
Schwarz auf Weiss und von aller Durchmodellierung
in der dritten Dimension abstrahieren. Deshalb
wirken diese Silhouetten so durchschlagend und ihre
Bewegungen so drastisch.[1]) Und diese mimische

---

[1]) Vgl. oben S. 25 f., aber auch den Wertunterschied von
Kontur und Silhouette, sowie ihr Zusammenwirken zur Gradation.

Zugkraft bewährt sich endlich ganz ebenso beim
epischen Dichter, der Alles in Tätigkeit umsetzt,
selbst schmückende Beiwörter aus Tätigkeitsbezeich-
nungen wählt und alles Eingehen auf die ruhige
Existenz vermeidet. Je mehr Bewegungsvorstellungen
sich drängen, desto mehr Energie der Handlung
erlebt unsere Phantasie, gleich gut, ob der Anreiz
durchs Wort vom Ohre oder durchs Bild vom Auge
her erfolgt. Nur wo Bewegung ist oder Bewegungsvorstellungen ausgelöst werden, kann auch von
Rhythmus die Rede sein. Und in diesem Sinne
mag die Erzählung des Dichters und die Pantomime
des Schattenspiels, die Konturzeichnung des Malers
und der Vorstellungslauf unsrer Phantasie rhyth-
misiert werden, durch die Machtvollkommenheit
dieser Künste. Ja selbst bei der Statue und beim
Bauwerk, diesen starren Gebilden, glauben wir uns
berechtigt, das selbe Wort zu brauchen: wenn unser
Auge dort das Motiv verfolgt, entfaltet sich der
Körper in Bewegung, wenn es hier der Richtungsaxe
des Raumes entlang den perspektivischen Durchblick
aufnimmt, in Bewegungsvorstellungen auflöst oder
im Vorwärtsgehen die Bewegung wirklich vollzieht,
entrollt sich das Ganze in periodischer Folge.[1])
    Greifen wir die mimische Erscheinung im Schatten-
spiel als entscheidendes Beispiel heraus, so erklärt

„Leichte Tonmodellierungen accentuieren nur den Rhythmus",
Klinger, S. 37.
    1) Vgl. zu Klinger auch Rob. Vischer, über Dürer. Studien
zur Kunstgeschichte 1886, S. 278 ff. und ferner Meumann, Untersuchungen zur Psychol. und Ästhetik des Rhythmus. Leipzig 1804.

sich zugleich, weshalb die Konturzeichnung oder die
Silhouette der Figuren sich so sehr zur Veranschau-
lichung eines Geschehens, zur Darlegung „des Wie
eines Vorganges" eignet. Das Profil giebt die Beziehung des Einzelwesens zu einem andern, sei es
der gleich organisierte Nächste oder die ganze Umgebung, die Welt. Die Gegeneinanderbewegung
zweier Faktoren zeigt eine Wechselwirkung; die Pro-
file mehrerer zu einander gekehrt geben, gleichsam
im notwendigen Auszug, — pantomimisch, den ganzen
Auftritt; die Intensität des Einzelwollens, das auf-
einander platzt, ja das Tempo des Verlaufes glauben
wir zu spüren. Das Profil ist malerisch, für sich
allein.

Damit ist zugleich auch die Übertragung des
anschaulich bestehenden Bildes ins Zeitliche und
Dynamische wieder vollzogen; aber in der Pantomime und Allem, was ihr nachahmt, steckt noch
mehr. Es wird nicht nur an die Bewegungsvorstellungen und die Beziehungen des Einzelnen zu
gleich organisierten Wesen oder zu Dingen dieser
Welt appelliert, sondern auch an das Kausalitäts-
bedürfnis des Beschauers. Wo Raum und Zeit ineinander greifen wie hier, wo sie gar in Bewegung
geraten zu einander, da wird ein Vorwärts oder Rück-
wärts angesponnen, nicht ohne die Frage nach Ur-
sache und Wirkung oder nach Grund und Folge.
Damit geraten wir vollends ins Reich der poetischen
Phantasie. Nun wird die Gruppe, ja die Masse von
Konturgestalten zur Darstellung einer Handlung,
eines dramatischen Konnexes, — einer „Fabel", wie

Lessing sagt. Wo die Einheit von Körper und Raum
im Bilde nicht mehr im natürlichen Nebeneinander
und Ineinander gesucht wird, weder die Körperformen oder das Raumgebilde die eigentliche Leitungsbahn dieser Verbindung abgiebt, weder die
Farbe noch das Licht als Medium der Dinge dienen,
dem Auge den Zusammenhang der Welt wenigstens
in kleinem Ausschnitt vorzuführen, und ihn nur durch
den Augenschein zu Sinnen, zum Gefühl, zum Bewusstsein bringen, da kann dieser Zusammenhang
nur noch hinter dem Sichtbaren, gleichsam auf der
Innenseite, gesucht werden, aus der unsichtbaren
Tiefe der Wesen und Dinge hervorgehend und hervorgebracht durch eignen Willen der Kreatur oder
der Welt, des Schicksals, der Vorsehung, der Gott-
heit. Diese Äusserungen von Innen her sind, wenn
nicht Farbe mehr, dann der Klang, der sich vom
Willen zum Tone bilden lässt, die Körperbewegung,
die unter der selben Macht zur Gebärde wird, und
die Verbindung beider, die Lautgebärde, das Wort.
So dringen auch die Künste der Innerlichkeit, den
Ausdruck der Innenwelt erobernd, nach Aussen vor.
Von mancherlei Gebärdung des Menschen, die wir
als bewegliches nimmerruhendes Widerspiel der
Plastik in ihrem ganzen Umfang als Mimik be-
zeichnen, gehen die Erweiterungen aus, wie drüben
Architektur und Malerei: in die unergründlichen
Tiefen des Gemüts steigt die Musik hinab, zu den
Höhen des Geistes die Dichtung empor. Und reichen
sich droben Poesie und Malerei die Hände, so gehen
Innenwelt und Aussenwelt zu einer neuen Schöpfung

des Menschen zusammen, die wir unsere Weltanschauung oder Weltauffassung nennen, je nachdem die Eine oder die Andre der beiden Mächte
überwiegt, je nachdem Bewegung oder Beharrung
die Form bestimmen.

Aber dieser Austausch zwischen beiden Welten,
die im Worte hier, im Bilde dort ihren letzten Ausdruck suchen, ist nicht neu oder gar von gestern,
wie heutige Künstler wähnen, sondern „Alles schon
dagewesen", wie Grossmutter Geschichte ihren Kin-
dern erzählt. Es ist ein uralter ewiger Prozess
zwischen Innenwelt und Aussenwelt, ein notwendiges
Geschehen, eben die „Geschichte" selber. Hier die
Geschichte der Kunst, die wir oben verfolgten.[1])

Wer also das Eindringen poetischen Inhalts in
die Malerei, die Darstellung von Ideen, dramatischen
Konflikten und moralischen Gegensätzen im Bilde
beobachtet, das Vorhandensein einer Historienmalerei,
ja einer Gedankenmalerei nicht läugnen kann, der
darf sich auch nicht wundern, wenn neben der
„Freude am Schönen", neben „der Bewunderung,
der Anbetung dieser prachtvollen gross schreitenden
Welt" auch der „Jammer", die Enttäuschung und
Entsagung, die „Furchtbarkeit des Daseins" empor-
steigen und mit ihren nächtlichen Schatten das Leben
des Lichtes und der Farbe bedrohen, dass sie dem
Siegesjubel der Lust den Abgrund der Verzweiflung

---

1) Die Aufnahme poetischen Gehaltes in das Bild verändert
natürlich ebenso die ganze Rechnung des Kunstwerks, wird also
Gegenstand einer eigenen Untersuchung sein müssen.

eröffnen. Wo wäre das Bild in lauter Sonnenlicht gemalt, wo der Zauber der Helligkeit ohne das Dunkel im Grunde? Erweitert doch grade die Malerei das beschränkte Dasein des Einzelwesens aus naivem Selbstgefühl zum Zusammenhang mit der weiten Welt, öffnet sie uns doch die Augen für tausend Beziehungen, die Nahes und Fernes verbinden, Hohes und Niedriges in gegenseitiger Bedingtheit zeigen. Unser Körpergefühl bildet sich an ihrer Hand zum Formgefühl immer allgemeiner aus, unser Selbstgefühl zum Mitgefühl für verwandte Wesen und verständliche Erscheinungen und weiter zum Weltgefühl. Und wo sich dieses, — da wir doch nie ganz Auge oder ganz Ohr sind, sondern womöglich ganze Menschen bleiben — mit unserm Willen verbindet, wird es zum Selbstbewusstsein, das mit der Welt umher sich abgefunden hat, aus ihren Vorgängen und Verhältnissen durch eigne Betätigung einen Zuwachs gewinnt, der das ruhige Dasein zum beweglichen Leben entwickelt und aus all diesen Erfahrungen, Erlebnissen, — im Kampfe, so lang es dauert — zum Weltbewusstsein emporsteigt.

Es fragt sich nur, ob das Eindringen der innern Mächte, der Willensregung und Ideenbewegung nicht auf die sichtbare Erscheinung im Bilde durch und durch verwandelnd wirken muss. Raum und Körper, in voller Wirklichkeit erfasst, folgen ihren eigenen Gesetzen und leisten den Vorstellungen des Menschen, die sie versetzen möchten, Widerstand. Denn hart im Raume stossen sich die Sachen, leicht bei einander wohnen nur Gedanken. Schon die dritte

Dimension, die mühsam eroberte, sprengt den Rahmen und hebt, je vollkommener sie ertäuscht wird, die Fläche selber auf, die sie beherbergen soll. Nicht minder die Farbe. Wer die Farben der Wirklichkeit nachzuahmen sucht in seinem Bilde, soll wissen, was er tut. Es sind Mächte, die stärker sind als er, Elemente, die sich bändigen, zähmen, verwerten lassen von Menschenhand, aber den Eindruck der Wirklichkeit erzwingen, auch wo die Vorstellung des Menschen darüber hinaus möchte, oder ganz davon frei bleiben. Wer mit den Farben der Natur malt, der haftet auch an der materiellen Seite der Stoffe. Umgekehrt, durch des Gedankens „Blässe“ werden sie angekränkelt. Die Abstraktion macht die Erscheinung von diesem stofflich-sinnlichen Bestandteil der Materie frei, sie streift vom Augenschein alle Ingredienzen ab, die zugleich auf andre Sinne, besonders auf die niedern wirken. Da ist es mit dem Weglassen der Farbe nicht anders als mit dem Weglassen der Modellierung, der Körperhaftigkeit aus der Figur. Aber die Blässe der Farbe und die Umrissform des Körpers, — werden sie nun, wie Klinger meint, von der Phantasie des Betrachters hinzu ergänzt? Das wäre ja, um drastisch zu sprechen, eine Art subcutaner Rehabilitation der Materie mit ihrer dämonischen Macht, und diese verhaltene Kraft dürfte, sich rächend, desto gewaltsamer hervorbrechen. Es wäre eine perverse Bastardwirkung zu fürchten, die dem anschaulichen Denken, dem intuitiven Aufschwung zuwider läuft.

Nein, das hiesse auch die Rechnung des Künst-

lers völlig der unberechenbaren Subjektivität des
Beschauers anheim geben. Weglassung der Farbe
ist wie Weglassung der Modellierung, der Einzelheiten überhaupt, eine partielle Aufhebung der Wirklichkeit, eine Negation der Vollgültigkeit, eine Abstraktion wie bei Begriffsbildung und wirkt, als solche
und an sich, befreiend von diesen suspendierten
Teilen der Alltagswelt. Wie das Postament der
Statue diese Menschengestalt über das Niveau der
Durchschnittsmenschheit hinaushebt, jede Möglichkeit einer irreführenden Verwechslung mit Unsereins
aufheben will, so auch die Farblosigkeit. Die Farben,
die die Phantasie hinzu tut, sind auch nicht die der
Natur, nicht haftende, beharrlich bleibende. Ich er-
innere an Klingers eigene Aussage im Sinne Dürers:
„so wechselnder, so unkörperlicher, so mit der Wandlung der Vorstellung veränderlicher Art" sind diese
Farben der Phantasiewelt, dass sie niemals die „materiellen Seiten der Stoffe" brutal vor uns hinsetzen
und die niedern Sinne hineinziehen können.

Wo aber die Körperhaftigkeit der Gestalten,
schon des Mafsstabes wegen, so weit durchgeführt
wird, dass die natürliche Farbe des Nackten sich
ungerufen einstellt, also auch in fleischlichem Sinne
zu wirken droht, da genügt die Farblosigkeit im
Bilde nicht mehr als Aufhebung der Wirklichkeit
nach dieser Seite, sondern ein stärkeres Gegenmittel
muss das Aufkommen der Illusion verhindern: das
ist die willkürliche naturwidrige Färbung. Also
Signorellis Darstellung der letzten Dinge in der
Cappella di S. Brizio am Dom von Orvieto, die

Klinger (S. 20) als Beispiel bewusster Raumkunst so
verständnisvoll bewundert, gehört in die nämliche
Kategorie,[1]) wie die Farblosigkeit für die Zeichnung
oder Griffelkunst mit ihrem kleineren Mafsstab oder
die willkürliche Phantasiefärbung, die wir auch ihr
zugestehen, wie der Dekoration und Ornamentik.
Wandmalerei in grossem Mafsstab, als Raumkunst durchgedacht, und Zeichnung in kleinem Mafsstab, als Klingers Griffelkunst angesehen, haben nun
beide noch andre Eigentümlichkeiten oder Privilegien
miteinander gemein.

Beide durchbrechen die Schranke eines engen
Rahmens, um den Zusammenhang einseitig oder
mehrfach weiter zu verfolgen. Sie erweitern sich
zu Bildercyklen, sei es in fortlaufender Reihe, eine
Geschichte zu erzählen, gleich dem Epos, dem Ro-
man, der Novelle, dem Märchen, genug im Verfolg
einer Fabel, die ihren Anfang, ihre Mitte und ihr
Ende hat, — sei es in architektonischer Gliederung
einer höheren Einheit, nach Analogie der formalen
Gestaltungsprincipe, der Symmetrie, Proportionalität
und rhythmischen Entfaltung eines übersichtlichen
Ganzen. Der Anschluss des Bilderkreises an diese
Hausgesetze der Architektur will innerlich motiviert
sein, d. h. nicht allein durch Gleichgewicht und Verhältniswerte der äusserlichen Erscheinung bildlicher
Bestandteile, sondern durch ein Äquivalent der Raum-

---

1) Und genau ebenso wie die grossen Wandgemälde in natur-
widriger Polychromie wirken die bemalten Skulpturen, wenn sie im
Dienste der Raumkunst nach künstlerischer Absicht entwirklicht
werden, wie Klinger ebenfalls (beiläufig S. 21) erkannt hat.

einheit, die, je unkörperlicher die Mittelaxe bleibt,
desto ideeller nur aufgewogen werden kann, durch
Einheit des Gedankenzusammenhangs, durch eine
höchste, den ganzen Bilderkreis durchwaltende und
alle Beziehungen des Einzelnen bestimmende Idee.
Es ist also auch hier das Eindringen poetischer
Principien unläugbar, und Kausalität die letzte Instanz,
in der sich räumliche Ausdehnung und zeitlicher
Verlauf zusammenfinden. Kausalität ist die Seele
alles dichterischen Schaffens. Raumdichtung und
Bilderpoesie liegen auf den Gränzgebieten, wo die
Künste sich verbünden, um die Weltanschauung und
Lebensweisheit im höchsten Sinne zu veranschaulichen,
hier monumental zu verkörpern, dort poetisch zu
verdichten: die ganze moralische, religiöse, wissen-
schaftliche Welterklärung, dies Hirngespinst, das wie
das Netz einer Spinne unser Ich umgiebt.

Eine Abtrennung der „Griffelkunst" als einer
selbständigen Kunstgattung, die zwischen Dichtkunst
und Malerei in der Mitte stünde, ohne ganz das
eine noch ganz das andre zu sein, scheint uns nach
alledem nicht geboten, ja mit dem Tatbestand überhaupt nicht einmal verträglich. Wir glauben allen
eigentlich künstlerischen Gesichtspunkten Rechnung
zu tragen; nur auf die subjektive Auslegung des
sinnlich-sichtbaren Bildes, das die farblose Zeichnung
dem Beschauer überantwortet, haben wir uns nicht
eingelassen. Wenn wir bei der Kreisform, „dem
Reifen, der in der Zeichnung die Sonne verkörpert",
nicht nur an das Licht oder die Wärme erinnert
werden, sondern „je nach seiner Verknüpfung auch

Freiheit, Raum" darin erkennen sollen und „mit
der Luft den Begriff der Freiheit, mit dem Meer
den der Gewalt verbinden", so klingt das schon
verzweifelt allegorisch. Und der Mensch vor allen
Dingen, er ist uns zunächst als „die von ihren individuellen Formen eingeschlossene Person" der Darstellungsgegenstand der Bildnerei, der im Vorder-
grund der künstlerischen Interessen bleibt, so lange
und wo immer das plastische Ideal über Alles geht;
aber der selbe Mensch „als das Wesen, das zu allen
jenen äusseren Kräften in Beziehung und Abhängigkeit steht", ist uns der Darstellungsgegenstand der
Malerei, sobald sie zur Entdeckung ihrer eigensten
Aufgabe hindurchdringt. Den Menschen vor allen
Dingen „als Repräsentanten seiner Gattung", in seiner
armseligen Bedingtheit aufzufassen, gestehen wir der
Griffelkunst gern zu, wie „die Möglichkeit, die sichtbare Körperwelt so frei poetisch zu behandeln, dass
alles Dargestellte mehr als Erscheinung denn als
„Körper" wirken mag, wenn wir uns auch klar sind,
dass diese Freiheiten graduell in den verschiedenen
Arten farbiger wie farbloser Malerei sich vorbereitet
finden. Nur soll das Bild, die Zeichnung, der Stich
doch immer als sichtbare Erscheinung auf uns wirken,
zunächst zum Auge sprechen und nur der sinnlich
wahrnehmbaren Wirkung all sein Recht verdanken.
Wo immer ein wichtiger Bestandteil der wirklichen
Natur geopfert wird, da muss auf der andern Seite
„der Zusammenhang mit der grossen Welt" desto
sicherer aufrechterhalten und die Überzeugung von
der Wahrheit und Lebensfähigkeit der künstlerisch

erdichteten Welt durch andre starke Mittel erreicht
werden. Wer uns mit Bildern etwas zu sagen weiss,
das mit Worten nicht gesagt werden kann, wer uns
in farblosen Gemälden „Phantasiebilder" vor Augen
stellt, die in naturgemäfsen Farben nicht so ver-
anschaulicht werden können, der ist uns als Künstler
willkommen und vollauf berechtigt, mag er selber
sich zu den Malern rechnen oder zu den Dichtern.
Für uns gliedert sich die Malerei in eine ganze
Reihe von Kategorien, von denen nach Klingers
Ausdrücken „Bild"-, „Dekorations"-, „Raum"-, aber
auch „Griffelkunst" hier aufgezählt werden mögen.
Es ist Sache der Ästhetik der bildenden Künste,
insbesondere der Malerei, den Wechsel in ihren
Grundgesetzen, namentlich durch diese vier Kategorien, durchzuführen. Sie wechseln nicht sowol
ihre Ästhetik als ihren Stil. Die Ästhetik wird sich
den Verwechslungen der Malerei mit der Plastik auf
der einen Seite, wie mit der Poesie auf der andern
widersetzen müssen, sonst aber jede Erweiterung und
Vertiefung ihres Wesens mit Freuden begrüssen, soweit dabei die ursprüngliche Mitgift nicht veruntreut
wird, der sie allein ihre ganze reiche Entwicklung
dankt, aber auch ihre Existenzberechtigung in der
Reihe ihrer Schwestern.

Die Entdeckung einer neuen Kunst setzt unsres
Erachtens nichts Geringeres als den Zuwachs einer
neuen Provinz in der geistigen Organisation des
Menschen und damit eines neuen Weltinhaltes voraus.

Anwandlungen aber, ins Land der Dichtung
abzuschweifen, hat die deutsche Kunst schon oft

genug durchgemacht und bis dahin immer nur Ein-
bufse an bildnerischem Vermögen davongetragen.
Jedenfalls wird keine Verlockung zur Bilderpoesie
oder zu Musikbildern der modernen Entfrem-
dung vom plastischen Gestalten das Heil
bringen, das die Eroberung des Nackten für
unbefangenen Naturgenuss uns hoffen liesse,
und so gern dem einzelnen Genius Zugeständnisse
für seine Sonderart gemacht werden mögen, so un-
gern muss die Kunst als solche die Zersetzung
des Malerischen erleben, das sie immer noch als
unveräusserliches Erbteil sich gesichert glaubte, durch
die Arbeit von Jahrhunderten, und allen Ausnahmen
und Abirrungen zum Trotz behaupten wird.

Druck von Fischer & Wittig in Leipzig.

Das folgende Bändchen dieser Beiträge bringt:

Barock und Rokoko

eine kritische Auseinandersetzung

———•-૱ૐ૱-•———

Druck von Fischer & Wittig in Leipzig.

www.ingramcontent.com/pod-product-compliance
Lightning Source LLC
Chambersburg PA
CBHW030627270326
41927CB00007B/1333